# 塵沾影覆

朱关田敬题

# 梵天寺经幢科技保护

「尘沾影覆——梵天寺经幢科技保护」编辑委员会 编

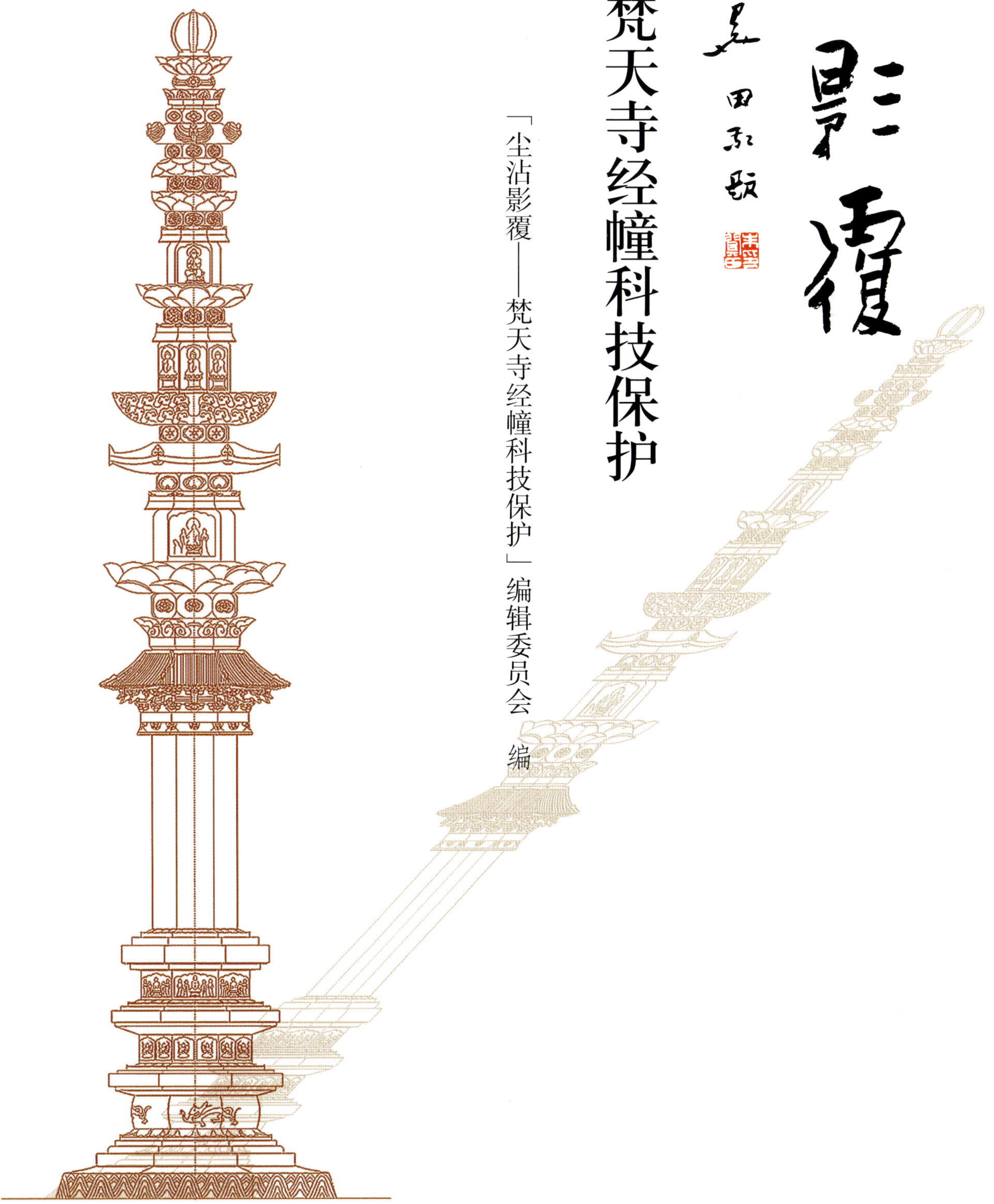

文物出版社

封面设计　周小玮
责任印制　张道奇
责任编辑　姚敏苏　李　莉

**图书在版编目（CIP）数据**

尘沾影覆：梵天寺经幢科技保护 /《尘沾影覆——梵天寺经幢科技保护》编辑委员会编 . -- 北京：文物出版社，2012.12

ISBN 978-7-5010-3635-6

Ⅰ . ①尘… Ⅱ . ①尘… Ⅲ . ①石幢－文物保护－科学技术－中国 Ⅳ . ① K877.44

中国版本图书馆 CIP 数据核字（2012）第 283386 号

**尘沾影覆——梵天寺经幢科技保护**

《尘沾影覆——梵天寺经幢科技保护》编辑委员会　编
文物出版社出版发行
（北京东直门内北小街2号楼）
http://www.wenwu.com
E-mail:web@wenwu.com
北京盛天行健艺术印刷有限公司印刷
新华书店经销
889×1194　1/16　印张：12
2012 年 12 月第 1 版　2012 年 12 月第 1 次印刷
ISBN 978-7-5010-3635-6　定价：230.00元

# 《尘沾影覆——梵天寺经幢科技保护》编辑委员会


主　　编：金志敏

执行主编：邵　群

委　　员：金霄航、徐　飞、张兵峰、洪　俊

撰　　稿：邵　群、洪　俊、黄卓娅、管菊芬、张淑娟、何琼华、张兵峰、徐　飞

封面题字：朱关田

摄　　影：洪　俊、张兵峰、徐　飞

# 序 言

提及杭州佛教寺庙，大家首先想到的大都是灵隐、净慈、天竺这些名刹。它们分立西湖南北，以其悠久深厚的佛教文化元素，影响并见证了文化名湖西湖、文化名城杭州的变迁与发展。被誉为“东南佛国”的杭州，历史上寺庙林立，除了环湖地区，城南凤凰山、玉皇山背山面江一带，因视野开阔，又有沿江交通之利，也曾伽蓝遍布，最为著名的就是并称为“江干三大寺”的梵天寺、胜果寺和栖云寺。

三大寺历经兴废，除了栖云寺，其他二寺现已不存，只是尚有众多与其相关的经幢、造像、摩崖题刻保留至今，如建于北宋乾德三年（965年）的梵天寺双经幢。这组经幢矗立于五代吴越国名刹梵天寺山门前的两侧，以灰岩分层雕凿而成。双幢形式、结构基本相同，左右对峙，高近15米。经幢由基座、幢身、腰檐、短柱层及幢顶五部分组成，逐层雕有覆莲、蟠龙、菩萨像等，幢身镌刻经文，是五代吴越时期保留至今的珍贵文化遗产。1961年4月，浙江省人民委员会即已公布梵天寺经幢为省重点文物保护单位；1981年4月，浙江省人民政府重新公布为省级文物保护单位；2001年6月，由国务院公布为第五批全国重点文物保护单位。

多年来各种自然和人为因素的影响，梵天寺经幢历经风霜，酸雨侵蚀风化日渐明显，经幢整体结构和材料表面都产生了不同程度的风化、开裂和缺失，局部残破较为严重。为确保文物安全，杭州市园林文物局委托中国文化遗产研究院和南京博物院，于2006至2010年通过前期勘察、方案设计及科学施工，在遵循文物保护准则的前提下，结合地区气候环境和石材特征，以大量的现场勘察和实验为基础，传统工艺与新材料并用，实施了保护工程，有效控制了岩石裂隙的发育及结构破坏，确保了经幢在目前环境条件下的安全与稳定。

经济社会的快速发展对文化遗产保护带来严峻挑战，同时新材料、新技术的出现也丰富了遗产保护手段。石质文物保护当前仍处于探索实践阶段，不管是物理性措施还是化学保护都须相当谨慎。《梵天寺经幢科技保护》既是梵天寺经幢保护工程经验的一次梳理总结，又是石质文物保护领域一起典型案例研究，将对今后杭州地区乃至中国南方石质文物保护项目产生积极的借鉴意义。从这个意义上说，这本报告的编写出版恰逢其时，在西湖文化景观成功列入世界遗产名录一周年的今天，如何精益求精做好各类文化遗产保护，推进历史文化名城的建设，是杭州文博工作者值得思考的课题。借此书出版之际，向一直奋战在文物保护战线上的文博工作者表达崇高敬意，也希望能带动更多的文化遗产保护项目出精品、出亮点，为杭州增添文化魅力。

是为序。

杭州市园林文物局党委书记、局长<br>2012 年 8 月

# 目 录

# 第一章 梵天寺与梵天寺经幢

梵天寺位于浙江省杭州市凤凰山东南麓，初建于唐天祐元年（904年），名顺天院[①]。后梁贞明二年（916年）十二月，吴越王钱镠诣其弟、惠州防御使钱铧率官吏、僧侣数百人往明州鄮县（今宁波鄞县）阿育王寺迎佛骨舍利回杭。次年，在顺天院内建八面九级城南塔奉藏释迦舍利，顺天院也因此易名为南塔寺[②]。

五代周显德五年（958年），杭城火灾频繁，殃及南塔，南塔被焚毁，所幸释迦舍利塔被一僧人抢出，后供奉于龙华寺。

北宋乾德三年（965年）六月，吴越王钱弘俶主持重建南塔寺。重建后的寺院规模宏大，有“月廊数百间”，寺内供奉吴越国武肃、文穆、忠献三王铜像，遍植白杨梅、卢橘等，成为当时名震一时的寺院。同时，在寺内珍藏的五千四十八卷《大藏经》制作精良，“碧纸银书，至佛号则用金书，牙签玉轴制作，甚是庄严”[③]。

同时，在南塔寺前建一对石质经幢。幢身八面，仿木结构，由灰岩雕刻而成，雕刻精致，纹饰各异。双幢形式、结构基本相同，南北对峙，由基座、幢身、腰檐、短柱层及幢顶五部分组成。基座为须弥座形式，雕有覆莲、蟠龙、菩萨造像等。其上是八角形幢身，南幢身刻《大随求即得大自在陀罗尼神咒经》，北幢身刻《大佛顶陀罗尼经》，两幢皆刻《建幢记》。幢身上覆置幡盖、腰檐，檐下施七铺作双抄双下昂偷心造转角铺作，单补间为六铺作双抄单下昂偷心造。腰檐上依次叠置山花蕉叶、宝珠、四隅抹角的方形短柱，柱体四正面雕壶门形龛，内设造像。再上为三层短柱层，每层雕有幡盖、山花蕉叶、宝珠、佛教人物造像等。顶部安花苞形幢顶（图1）。

北宋治平年间（1064～1067年），为消除寺院的灾患，于是用四头、四臂的护法神梵天天王作为寺名，改额梵天寺，经幢也由此得名，并沿用至今。

南宋期间（1127～1276年），梵天寺因毗邻凤凰山东麓的南宋皇城，虽规模不大，但寺、塔、经幢皆得到妥善保护，保存完整。

元至元十三年（1276年），元兵进占杭城，至元代元统年间（1333～1334年），梵天寺倾圮，所幸南北两个经幢尚存。

明永乐十五年（1417年）时，有僧人重建梵天寺；明嘉靖四十三年（1564年），僧人成杉在寺中增建佛殿；明万历三十二年（1604年），僧人仁良增建天王殿与山门；明万历四十年（1612年），僧人来纶建观音殿，开凿元镜池。经明朝历代僧人们的经营，梵天寺逐渐恢复到了原来的规模。

清咸丰年间（1851～1861年），太平天国起义军攻打杭州，在频繁的战乱中，梵天寺再一次被摧毁，

① 据明万历年间刊印、陈善等编修的《杭州府志》载：梵天寺“在东乡芳梅村，唐天祐元年，由吴越王建，名顺天院。”
② 据北宋范埛、林禹《吴越备史》卷一记载。
③ 施奠东主编《西湖志·梵天禅寺》，上海古籍出版社，1995年12月版。

图 1 梵天寺经幢全景（北视角）

唯独双幢存世。

之后，梵天寺一直作为民居、菜地、工厂、幼儿园等功用交替为周边居民所用，唯有梵天寺经幢虽历千年风雨洗刷，依然巍然屹立，保存基本完好，成为后人追思怀古的独特风景。1957 年 7 月 12 日，梵天寺经幢由杭州市人民政府公布为市级文物保护单位；1961 年 4 月 15 日，由浙江省人民政府公布为浙江省重点文物保护单位；1981 年 5 月 6 日，由浙江省人民政府重新公布为浙江省重点文物保护单位；2001 年 6 月 25 日，由国务院公布为全国重点文物保护单位（图 2）。

图 2 保护标志碑

## 第一节 地理位置与环境

### 一、地理位置

杭州市地处东南沿海的长江三角洲南翼，杭州湾西端，钱塘江下游，京杭大运河南端，是长江三角洲重要的中心城市和中国东南部交通枢纽。经幢所在区位是浙西浙中丘陵向浙北平原的过渡地带，午朝山、老焦山耸立于西，半山、皋亭山蜿蜒于北，屏风山、五云山绵亘于南，钱塘江奔流于东。市区的中部，吴山和宝石山夹峙西湖。“三面云山一面城”、“乱峰围绕水平铺”，把杭州市区的山、水、城融为一体。

而西湖则是杭州这座城市的眉与眼、灵与魂。2011 年 6 月 24 日，杭州西湖景观成功晋升为世界文化遗产，杭州西湖从浙江名湖一跃而成为世界的西湖、全人类的文化遗产。西湖具有三面环山、一面临城的景观空间特征。群山以湖面为中心，层叠连绵地在北、西、南三面环绕着西湖，状如马蹄；湖东则为平坦的土地，坐落着具有千余年历史的杭州城。群山环抱着湖，古城依傍着湖，三者和谐地组合在一起，一方面形成了立体、丰富的景观空间，另一方面体现出自然环境与人类居住地的和谐共存。

西湖的自然山水以秀美而著称，旖旎的湖光山色激发了中国古代文人无限的创作灵感，成为中国山水画的重要题材，也是历代诗词文学的描写对象，西湖自然山水由此承载了丰富的历史文化内涵，是西湖文化景观不可替代的特征要素。在千年的文明与文化发展影响下，西湖山水与堤岛、桥涵、亭台、楼阁等多种人工作品交融渗透，共同构成了西湖景观山水优美、人文荟萃、内涵丰富的显著价值（图 1–1–1）。

梵天寺经幢也是这样一处拥有突出的普世价值的千年胜迹。它坐落于世界遗产西湖的西南面、杭州市区东南部的凤凰山东麓、梵天寺路 87 号（今浙江省军区后勤部六一幼儿园）前，行政区划隶属于杭州市上城区南星街道馒头山社区。东面钱塘江，西倚栖云山，南临炮台山，北接凤凰山，海拔高度为 21.31 米，所处为群山合抱的笤帚湾中部山谷，背山面江，山势飞动、险峻，奇石峥嵘、树木翠绿、平地开阔，与世界文化遗产地西湖及江浙地区的母亲河钱塘江毗邻，北距西湖直线距离约 2 公里，距东南

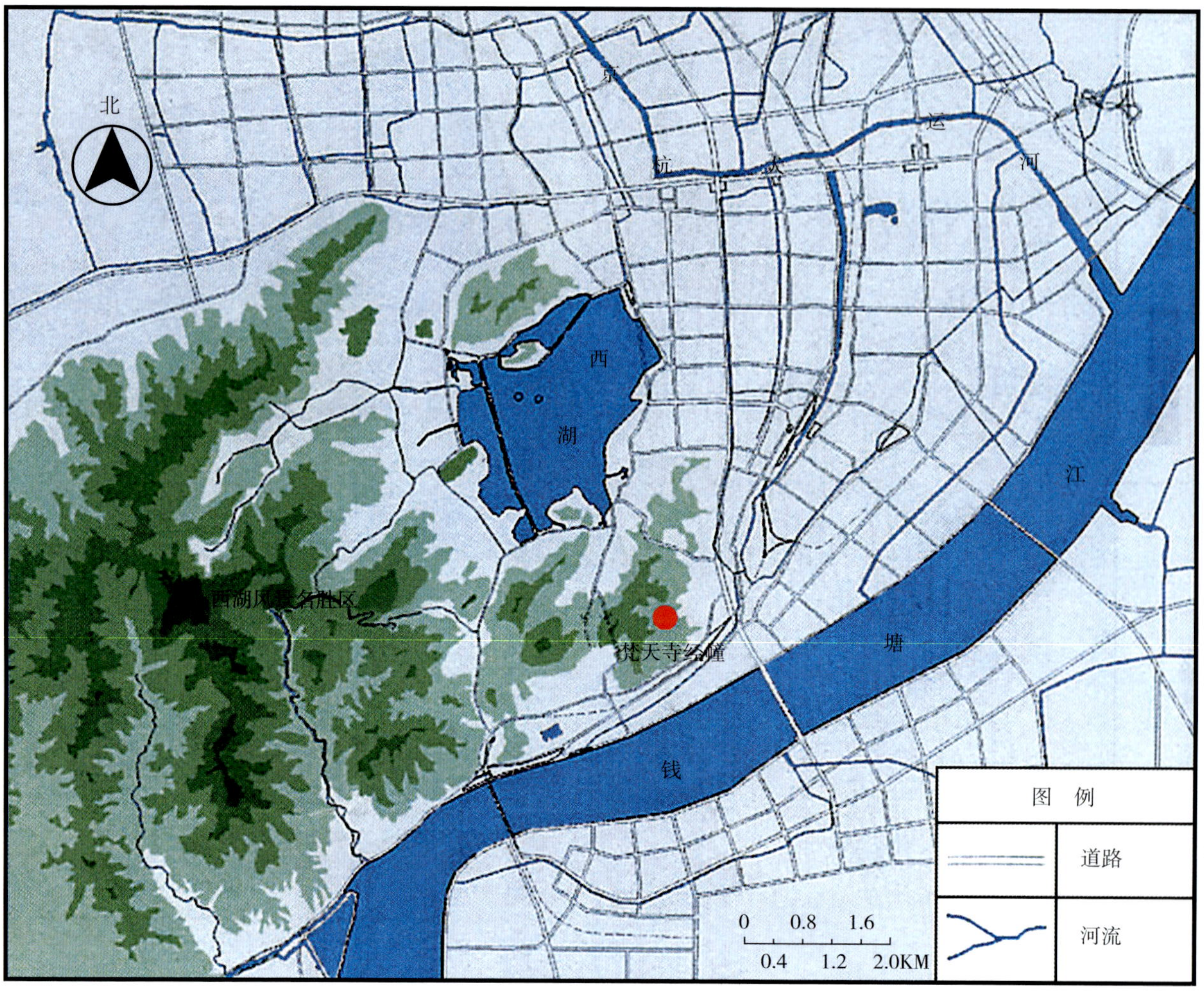


图 1-1-1　梵天寺经幢区划图

方的中河、钱塘江直线距离分别为 500 米、900 米，占尽地利之优势（图 1-1-1）。经幢所处的遗址保护区内，有香樟、桂花等乔木及苏旦草等地被植物，植被覆盖率达 50%。周边文物古迹众多，西北有南宋时期著名古刹圣果寺（现尚存遗址），西与“江干三大寺”① 中硕果仅存的栖云古寺相邻，北侧为全国重点文物保护单位南宋皇城遗址，周边还保存着梵天寺遗址及寺中的两口古井——灵鳗井、金井（图 1-1-2、图 1-1-3），是杭州地区文化遗产分布密集区，名胜古迹众多，人文底蕴丰厚。

## 二、地质地貌、土壤

杭州市大地构造处于扬子准地台钱塘台褶带。中元古代以后，地层发育齐全，岩浆作用频繁，地质构造复杂，成矿条件较好。近期由于现代构造运动趋向缓和，地震活动显得微弱，地壳相当稳定。

据调查，两经幢台基周围地势较为平坦，场地的地基属坡积土和人工堆积土。所揭示的地层层序依次为：杂填土层、素填土层和含砾砂黏土层，且层位较稳定，土性较均匀。杂填土和素填土层，土质软弱，结构松散，而夹砾砂黏土层土质均匀，结构尚好② 。

① “江干三大寺”分别指的是梵天寺、圣果寺和栖云寺。
② 《梵天寺经幢工程地质勘察报告》，浙江省综合勘察研究院，2000 年 3 月。

图 1-1-2 梵天寺遗址金井（1984 年）

图 1-1-3 梵天寺遗址灵鳗井

### 三、气候水文

杭州市地处中北亚热带过渡区，温暖湿润，雨量充沛，四季分明。冬夏季风交替显著，气温适中，日照较多，空气湿润。

杭州市区内多年平均气温为 16.40℃。一年中最冷月为 1 月，平均气温 4.20℃，极端最低气温为－10.10℃；最热月为 7 月，平均气温 28.60℃，极端最高气温为 42.10℃。多年平均降水量 900 ~ 1600 毫米；最高月降水量 541.99 毫米，最高日降水量 141.6 毫米。多年平均日照数每年 1800 ~ 2000 小时。多年平均相对湿度为 80% ~ 82%。多年平均蒸发量为 1200 ~ 1400 毫米。杭州市地处亚热带季风区内，7 ~ 9 月为台风期。一年之中的风向，冬季盛行偏北风，夏季多为东南风，平均风速为 2.6 米 / 小时，最大风速 28 米 / 小时。

杭州市区降水量日趋酸化，酸雨分布面积广。据 1981 ~ 1988 年连年监测，杭州市降水的年、日平均 PH 值从 5.33 下降至 4.27，7 年间（PH 值小于 5.6 的大气降水为酸雨），降雨酸度提高了近 10 倍。全年冬季的降雨 PH 值最小，为 3.37，春、秋季次之，为 3.44 ~ 3.50，夏季最大，为 4.83。静风或弱风时 PH 平均值最小，在 3.85 ~ 4.21 之间。在偏北风条件下，酸雨率最高，达 57%。

## 第二节 基本状况描述

### 一、总体状况

梵天寺两座经幢均为石质，其形式、结构基本相同，两幢南北对峙，相距约 13 米，南幢高 14.99 米、北幢高 14.87 米。幢身呈八边形，由基座、幢身、腰檐以及上部华盖、短柱、宝珠、山花蕉叶、仰覆莲交错叠置而成。北幢占地约 13.56 平方米，南幢占地约 13.14 平方米（图 1-2-1）。

图 1-2-1 梵天寺经幢立面

## 二、详细状况

### （一）基座

基座由四层金刚石、三截短柱相间而组成。基座通高 3.22 米。每层依次由金刚石、蜀柱相叠而成，然后放置在底层最宽大的金刚磐石基础上。

磐石呈八边形，每边长约 1.45 米，高 0.41 米。每边侧面浮雕高山，代表“须弥山”，俯视平面雕饰海水浪花，以示佛教教义中的“大海印”（图 1–2–2、图 1–2–3）。

图 1–2–2 北幢基座上的“须弥山”和“大海印”

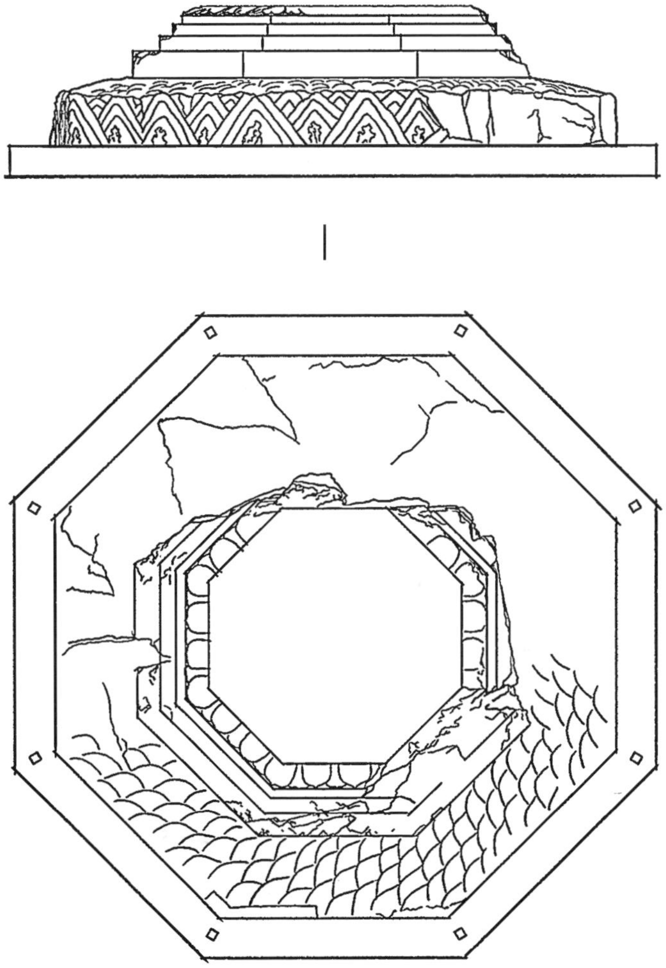

图 1–2–3 北幢基座立面及平面

1. 第一层情况

磐石上置由金刚石和八角短柱相叠而成的第一层束腰。金刚石沿口雕出三层，最上层表皮雕刻三十二瓣覆莲花瓣。莲瓣宽而厚实，瓣端略向外翻翘，边长 1.20 米，高 0.42 米。八角蜀柱高 0.41 米，上宽 0.60 米，下宽 0.63 米，下宽上窄，收杀明显。短柱的每两边浮雕一蟠龙，南幢四条蟠龙呈顺时针环绕，北幢则相反。蟠龙皆呈俯冲状，张牙舞爪，龙的须发向后飘动，形态有向前奔跑和回首顾盼两种，其形象生灵活现、极富动感（图 1–2–4、图 1–2–5）。其保存情况详见表 1–1。

表 1-1 经幢第一层浮雕蟠龙情况

| 所在方位 | 基本形态 | 保存现状 |
|---|---|---|
| 北幢・东面 | 呈向前奔跑状 | 保存完整 |
| 北幢・南面 | 呈回首顾盼状 | 已毁 |
| 北幢・西面 | 呈向前奔跑状 | 头部已毁、仅余尾部 |
| 北幢・北面 | 呈回首顾盼状 | 保存完整 |
| 南幢・东面 | 呈向前奔跑状 | 保存完整 |
| 南幢・南面 | 呈回首顾盼状 | 头部已毁、仅余尾部 |
| 南幢・西面 | 呈向前奔跑状 | 保存基本完整 |
| 南幢・北面 | 呈回首顾盼状 | 保存基本完整 |

图 1-2-4 南幢西侧顺时针蟠龙

图 1-2-5 北幢北侧逆时针蟠龙

2. 第二层情况

一层束腰上端叠置由金刚石和八角短柱相叠组成的第二层束腰。金刚石高 0.39 米，叠涩三层，长 1.10 米。上层雕刻覆 莲瓣。蜀柱上下平直，不收分，高 0.36 米，周长 4.55 米，每边长均为 0.56 米。每边各雕凿出两个壶门式佛龛，同一边上的两佛龛之间有一条 0.03 米的边框，每龛内浮雕一尊菩萨像，八边计有十六龛。像高在 0.268 ~ 0.27 米之间，肩宽约 0.12 米，坐宽 0.16 米。菩萨的服饰、发式相同，均为身披袈裟，内着支提小衫，胸腹间系结，袒右胸臂、袒腹，颈挂帛带垂至膝下，然后挽于两臂间，飘至身后两侧。梳发髻，戴宝冠，胸佩璎珞，带臂钏（图 1–2–6）。

图 1–2–6 北幢二层束腰造像

因其坐姿、手势则各不相同，故按方位分述如下：

（1）南幢

东面左尊全跏趺坐，双手合十于前胸。右尊为全跏趺坐，左手置于腹前，残破严重，手势不能辨识。右手弯曲向上，靠于前胸，持长柄莲花。

东南面左尊两手十指相交叉，扳右膝，侧身而坐。右尊全跏趺坐，双手置于腹前，施禅定印。

南面左尊盘右腿，垂左足，呈左舒相坐式。左手抱于左膝，右掌撑在右腿之上。右尊结跏趺坐，左手在腹前，掌心向上，掌中托莲柄；右手于右胸前上侧持握莲柄，双臂挽巾带。

西南面左尊全跏趺坐，施禅定印。右尊全跏趺坐，双手在胸前合十。

西面左尊全跏趺坐，双手在腹前相叠，施禅定印。右尊盘左腿，垂右足，左手臂下垂，小臂以下部分已残缺。

西北面左尊结跏趺坐，双手曲臂胸前，残破，手势不详。右尊结跏趺坐，双手施禅定印。

北面左尊盘右腿，垂左足，为左舒相坐姿，双臂环抱左膝，残破，手势不详。右尊盘腿，垂右足，为右舒相坐姿，左手按在左膝前，右手置于膝上。

东北面左尊结跏趺坐，左手抚于左腿上，舒垂五指，右手于腹前托物。右尊全跏趺坐，双臂挽帛带，左手置于腹前托物，右手曲举胸侧持拂。

（2）北幢

东面左尊全跏趺坐，双手合十于前胸。右尊全跏趺坐，左手按在左腿上，舒垂五指，右手于腹前托物。

东南面左尊盘左腿，垂右足，呈右舒相坐。左手抱于左膝，右手托腮，作沉思状。右尊结跏趺坐，双手施禅定印。

南面左尊结跏趺坐，双手施禅定印。右尊盘左腿，双臂环抱右膝，残破。

西南面左尊全跏趺坐，双手置于胸前，手势不详。右尊全跏趺坐，残破，手势不详。

西面左尊结跏趺坐，残破，手势不详。右尊结跏趺坐，左手手心向上置于腹前，右手残破，手势不详。

西北面左尊全跏趺坐，双手曲臂胸前，双手合十。右尊盘腿，垂右足，为右舒相坐姿，左手手臂下垂，手势不详，右手搁在膝上。

北面左尊全跏趺坐，双臂挽帛带，双手置于腹前托物。右尊结跏趺坐，头部残破，施禅定印。

东北面左尊结跏趺坐，左手在腹前，掌心向上，掌中托莲柄；右手于胸侧持莲花，双臂挽巾带。右尊盘左腿，垂右足，呈右舒相坐式。右手抱于右膝，左手残破，手势不详。

这三十二尊造像多数面部被毁，仅存半边或一点痕迹。个别几尊脸部未被砸毁的，也风化剥蚀严重，面部神态基本都不能辨识。

3. 第三层情况

第三层束腰叠置于前两层束腰之上，金刚石厚 0.39 米，叠涩内收一层，内收上层边长 0.68 米，雕饰覆莲。第三层束腰高 0.335 米。周长 4.38 米，每边宽 0.535 米，每面均刻出一个壶门式佛龛，八边共计八龛。龛内雕五尊佛、菩萨像。造像本尊都面相方圆，体态丰满，梳罗髻，内着僧祇支，胸腹间系结，外披袈裟，全跏趺坐于仰莲须弥座上。佛座前有一长方形供桌，桌布垂覆至地，上置香炉和供品。弟子披袈裟，跣足立于仰莲台上。菩萨束发，戴宝冠，耳侧宝缯齐肩，下着羊肠裙，帛带、璎珞严身，跣足立于仰莲之上（图 1-2-7）。

图 1-2-7 北幢三层束腰造像

（1）南幢

东面本尊左手置腹前，施触地印，右手曲肘于胸前，残破。佛左侧弟子缺头部，着交领大衫，双手在胸前合十，菩萨身体侧向本尊，双手在胸前执物；右侧弟子、菩萨仅存足腕部。

东南面佛着敞胸圆领大衫，双手在腹前，右手压在左掌之上，拇指相接，施弥陀定印。两侧弟子合掌于胸前。再外两侧，菩萨束发，戴低宝冠，敞胸及右臂，佩璎珞、臂钏。

南面缺佛及右侧弟子、菩萨。左侧弟子面向本尊，双手在胸前合十；菩萨佩璎珞，披帔巾，挽帛带，双手在胸前托物。

西南面佛上身已被破坏，双手在腹前相叠，施禅定印。两侧弟子、菩萨跣趾立于仰莲上，头部均残损。

西面佛双手叠置于腹前，二弟子跣足恭立两侧，头部风化。

西北面仅可见佛内着僧祇支，外披敞胸圆领袈裟，双手置于腹前。

北面佛内着支提小衫，披袈裟，左手置于腹前，施无畏印。两侧菩萨、弟子残破严重。

东北面佛双手在腹前相接，施禅定印。左侧弟子与菩萨像残损严重；右侧弟子裸右肩臂，斜披大衫，跣足立于仰莲之上。菩萨像残损。

其中西面、西南面破损严重，几乎已被凿平，从残存痕迹来看，五尊佛、菩萨像的格局与前几面仍相同。

（2）北幢

第三层束腰上的造像与南幢相比，其形态、服饰、坐姿、手势基本相同，略有区别。由于其残破、风化较南幢更为严重，大多难以辨识，因此本文不再作具体描述（图 1–2–8）。

第三层束腰上再放置金刚石，表面雕出覆莲花瓣，残破严重，其上接幢身。

图 1–2–8 北幢三层束腰座上造像

## （二）幢身

1.《大佛顶陀罗尼经》和《建幢记》

幢身为八边形，高 2.34 米，周长 3.45 米，每边长 0.43 米。两端线刻缠枝宝相花纹。七面各镌刻竖列经文，楷书，字径为 0.02 × 0.02 米。南幢经文内容为《大随求即得大自在陀罗尼神咒经》（图 1–2–9）；北幢则刻《大佛顶陀罗尼经》（图 1–2–10）。南幢北面、北幢南面皆竖刻《建幢记》，行书六列，内容同为：

“窃以奉空王之大教，尊阿育之灵踪，崇雁塔于九层，卫鸿图于万祀。梵刹即当于圆就，宝幢是镇于方隅，遂命选以工人，凿于巨石，琢鞭来之坚固，状涌出之规仪，玉削霜标，花雕八面，勒佛顶随求之加句，为尘笼沙界之良因。所愿家国恒康，封疆永肃，祖世俱乘于多福，宗亲常沐于慈恩，职掌官寮，中外宁吉，仍将福祉遍及幽明，凡在有情，希沾妙善。乾德三年乙丑岁六月庚子朔十五日甲寅日立。天下大元帅吴越国王钱俶建。”

图 1-2-9 南幢幢身

图 1-2-10 北幢幢身经文

2. 幢身细部结构

（1）华盖

幢身上是一层华盖。华盖高 0.30 米，檐口每边长 0.575 米，上半部平直无华，托腰檐；下半部的每边上则浮雕三朵如意云纹，分别刻于转角处与每边中间。一条联珠垂沿华盖檐口联系两角纹饰（图 1-2-11）。

图 1-2-11 南幢华盖及腰檐

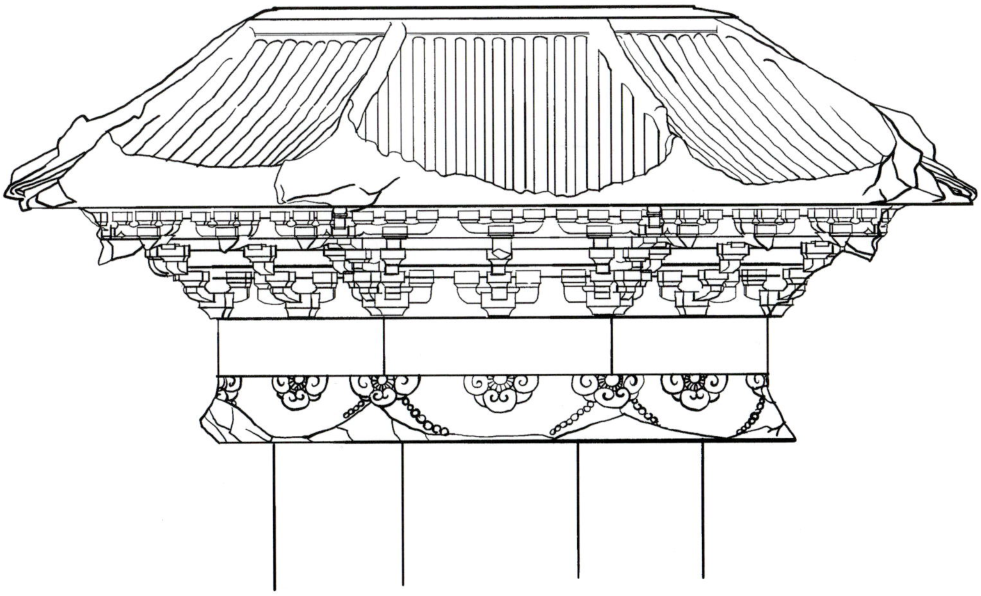

图 1-2-12 腰檐

（2）腰檐

华盖之上是石雕腰檐（图 1-2-12）。腰檐用斗栱挑出，每面均施补间铺作一朵，转角铺作两朵。补间铺作为六铺作双抄单下昂偷心造。泥道栱上隐刻散斗托柱头枋。第一跳华栱上安栌斗，上为第二跳华栱。华栱上顶罗汉枋，柱头枋与罗汉枋之间隐刻出饰有小方格的遮椽板。第三跳下昂上安斗散和令栱，上托撩檐枋。罗汉枋至撩檐枋之间隐刻出一条条方形木条。转角铺作为七铺作双抄双下昂偷心造。栌斗上安泥道栱，栱端分别隐刻出散斗，上托柱头枋。转角铺作斗栱的出跳自下向上依次为：第一跳华栱，上托第二跳华栱。第二跳华栱上托罗汉枋。第三跳为下昂，下昂上刻出交互斗，分别承托撩檐枋和第四跳下昂。第四跳下昂上安平盘斗，上承海棠形宝珠，直抵角梁，形成屋角起翘。撩檐枋上雕出椭圆形檐椽。檐椽又雕出飞椽，飞子长方形，卷杀急峻，端部收杀成小方形。每边屋顶雕出筒瓦数垅、垂脊、岔脊和角兽，每条脊上原雕出大角兽一个、小角兽二个，惜多已风化、残缺，仅存的几个也难以辨识其貌。

**（三）腰檐以上部分**

1. 第一层情况

腰檐以上依次叠放华盖、山花蕉叶、宝珠、仰莲、方形短柱（即一层短柱）。山花蕉叶高 0.43 米，叶缘起瓣，浮雕如意纹；宝珠八颗，高 0.33 米，每边各一颗，珠面刻壶门与宝相花（图 1-2-13）。磐石呈仰莲状，花瓣宽大厚实，瓣端向外翻翘，高 0.31 米。短柱方形，四隅抹角，高 0.73 米，边长分别为 0. 60 米、0.24 米，柱端部卷杀。四偶面平素，四正面均雕造壶门形龛一个。龛宽 0.58、高 0.66 米，龛内造像分述如下。

图 1-2-13 宝珠

（1）南幢

东面一龛内有一佛二弟子一跪姿俗人。本尊螺发高肉髻，面相方圆，颈部三道纹。内着圆领内衣及敞胸僧祇支，外披垂挂式袈裟，结跏趺坐在仰莲须弥座上。左手置脐前，施触地印，右手指示右角，面向右侧，注视右下角的跪姿凡人。佛坐高 0.34 米，肩宽 0.14 米，座高 0.165 米。左右恭立弟子，作僧相，身着广袖大衫，双手在胸前合十，跣足立于仰莲上。在右侧弟子脚前，有一贵族装饰男子，戴冠，着广袖大衫，双手拱于胸前，仰身跪于佛前，似正在聆听佛的教导。

南面雕五尊立像。主尊身高 0.50 米，为贵妇人装饰，束高发髻，戴宝冠，耳侧系彩结，垂缯齐肩，面部残损，双耳垂肩，饰珥珰，身着交领广袖大衫，脚蹬方头花边鞋，双手合十于胸前。左右两尊供养人，高 0.34 米，束发结顶，梳二小髻，身着交领广袖大衫，腹下腰带系结飘垂于足，双手在胸前托盘，供物丰盛。再外为二菩萨，像高 0.41 ~ 0.42 米，均束发额前，发梢向后梳扎，戴高宝冠，面相方圆，眉清目秀。大耳垂肩，饰珥珰。内着偏袒僧祇支，腰间系带，露右胸臂，外披肩巾，帛带环过膝，然后挽于手臂，飘垂体侧。胸佩璎珞，戴臂钏，下着裙裤，以种种帛带缠裹于体。双手于胸前合十，跣足立于仰莲台上。

西面造像二尊。右侧为一老年男子立像。像高0.47米，头戴幞头，两腮长须飘于胸前，身着窄袖长衫，系腰带，着圆头履。右手残破，左手持曲柄拐杖，侧身而立，目光注视左下角跪地之僧人。左下角僧人着交领袈裟，脚穿圆头履，立右足，跪左腿，仰目注视老者。因手及面部破损，手势、容貌不清（图1-2-14）。

北面造像三尊。中间一尊高0.49米，面相方圆，双目微睁，下视，表情严肃。头戴天冠，冠带在耳侧系结，垂至双肩。身着交领广袖大衫，足穿翘头云鞋。双手在胸前合十。外侧二供养菩萨，高0.41 ~ 0.43米，面相长椭圆形，束发髻顶，戴天冠，垂宝缯，袒胸臂，披肩巾，帛带垂至膝前，挽于手臂，飘垂体侧。下着裙裤，跣足而立，佩璎珞、钏镯。双手在胸前，右手按于左掌之上，两拇指相接，托供物。

图1-2-14 供养人像

（2）北幢

东面一龛内立有二尊佛。本尊面向西北，侧身而立，手执金刚杖。他的左下角有一尊矮小的僧人，面向本尊，侧身而立。

北面一龛共有五尊佛、菩萨像。本尊身披袈裟，双手在胸前合十。两侧各有二尊胁侍。内侧二尊较小，削发，披袈裟，双手合十，为僧人形象。外侧二尊作菩萨像，身披薄纱，双手合十。

西面一龛立四尊佛和高僧。前三尊均侧身而立，面向西南。第四尊半跪半立，面向西南。从左至右，第一尊是较小的僧人像，削发，披袈裟，双手合十。第二尊是此龛中的本尊，体态比其他三尊高大，也作僧相，左手臂向里弯曲，左手靠在胸前，手心向上。右手臂向下垂，微向前伸。紧跟其后的也是一僧人，双手合于胸前。右下角是一个半跪半立的小弟子，身着袈裟，双手向前上方伸出，像是接物。

南面一龛立着三尊佛、菩萨。本尊身披袈裟，双手在胸前合十。两侧胁侍菩萨，头戴宝冠，身披薄纱，双手合十而立。

2. 第二层情况

一层短柱上又依次叠放华盖、宝珠、伞盖、宝珠、仰莲和二层短柱。华盖高 0.13 米，边长 0.48 米，每面雕宝相花三朵。中间一朵环以帛带，两角花间沿盖檐饰联珠纹。有宝珠八颗，高 0.23 米，珠珠相连。珠面刻壶门、如意纹。山花蕉叶高 0.13 米，角部饰如意形卷瓣。宝珠上托伞盖，檐口翘曲，角上饰花叶（图 1–2–15）。伞盖下部的东南、西北两角各雕一尊飞天。飞天体态修长，衣带当风，飘逸洒脱。戴臂腕钏镯，昂首侧身，右手前伸持鲜花，左手托盘，然面部不清。伞盖上再置宝珠八颗，珠面饰海棠、花朵纹。仰莲底面刻辐射旋涡状火焰光及数层云形莲瓣。短柱八面，高 0.615 米，边长 0.36 米，顶部卷杀。每面刻壶门佛龛，龛内均雕佛像一尊，每尊佛像都端坐仰莲须弥座上，全跏趺坐式，梳罗髻，披袈裟，身后都有背光和身光，但手印不完全相同。四正面为阿弥陀佛，面相方圆，慈悲和蔼，身着圆领袈裟，胸前衣褶层层。双手在脐前，两拇指相接，直中指，施弥陀手印。四偶面雕释迦牟尼佛。佛身着右袒袈裟，左手在脐前，施触地印，右手举胸侧，曲无名指、小指，直余指，施说法印。南、北两幢相同。

图 1–2–15 山花蕉叶

3. 第三层情况

二层短柱上又依次叠华盖、山花蕉叶、宝珠、仰莲及三层短柱。华盖饰锦缎，层叠有序，随风飘动。宝珠八颗，面刻海棠花朵纹。仰莲磐石上刻莲瓣，宽大厚实。八角处均有一圆洞孔。第三层短柱高 0.53 米，四方抹角，边长分别为 0.16 米、 0.435 米，短柱顶部卷杀。四偶角无纹，四正面均刻壶门形佛龛，每龛中雕一尊金刚或天王像。

（1）南幢

四面造像中，除东面为垂左足、盘右腿之左舒相坐姿，其余三面均为垂双足、端坐在长方形金刚座上。座高 0.14 米。造像内容依次如下。

东面金刚：粗眉怒目，头戴宝冠，宝缯舒垂，穿甲胄，佩金刚圈、腕钏，臂挽帛带，双手于胸前，掌心相对。身后有火焰形头光。

南面武士：戴盔穿铠甲，颈系巾结，系革带，目光前视，口角含笑。左手按于膝上，右手于右膝斜持金刚棒（图 1–2–16）。

西面天王：面相方圆，文静，头戴宝冠，宝缯飘垂胸前，穿铠甲，戴项圈，系革带。左手握拳，按于膝上，右手握肩负之物。身后有火焰形头光。

北面金刚：束发戴冠，皱眉竖目，身着甲胄，右手握拳，按于膝上，左手举向左外侧，上托宝塔。有火焰形头光。

（2）北幢

四面造像中，除南面为垂左足、盘右腿的左舒相坐姿，余三面均为垂双足、端坐在长方形金刚座上，都有火焰形头光。座高 0.14 米。造像内容依次如下。

东面天王：削发，披袈裟，右手靠在右胸前，左手下垂，手心向下，抚于左膝上。

南面天王：束发戴冠，皱眉竖目，身着甲胄，右手握拳，按于膝上，左手举向左外侧，上托宝塔。

西面天王：右手执一方宝剑，剑锋向上挑出，靠在左肩上，左手放在腿上，手心向上。

图 1-2-16 武士像

北面天王：坐在一张横放着一把宝剑的长方形金刚座上，双手合十。

4. 第四层情况

三层短柱上再依次安放华盖、山花蕉叶、宝珠、仰莲、宝珠、覆莲、宝珠、扁方形磐石。华盖和山花蕉叶高 0.20 米，华盖檐部平直，上饰花叶。宝珠八颗，面刻壶门、莲花纹。磐石为扁方形，高 0.25 米，四角浮雕迦陵频伽，为人首鸟身，双翅宽大，羽毛丰满，双手于胸前托物，欲展翅飞出之势，极为生动（图 1-2-17）。

图 1-2-17 南幢磐石上的迦陵频伽

5. 第五层情况

磐石之上，再复置宝珠、华盖、山花蕉叶、宝珠、仰莲。宝珠八颗，刻壶门、宝相花。覆莲高 0.26 米，形同仰莲，莲瓣底饰一圈联珠纹。其下的宝珠仍为八面颗，面刻海棠、花瓣纹。仰莲高与覆莲同，莲瓣宽大，瓣端平直，不翻翘。上有宝珠六颗，刻海棠花朵纹。再上为山花蕉叶上托宝珠一颗，且刻有六朵如意形花瓣的海棠花，每朵花之间用一帛带系连，组成花环。上托仰莲及幢顶。

**（四）幢顶**

幢顶安放日月火焰形宝珠一颗。宝珠为花苞形，中为球形花蕊，象征太阳辐射之光环，四正面凸出雕成弯月形，上刻火焰纹，象征佛教与日月同辉之意（图 1–2–18、图 1–2–19）。

图 1–2–18 南幢幢顶

图 1–2–19 北幢幢顶

## 三、两幢残损情况

### （一）基座部分

北幢基座的几面金刚石皆有不同程度残损，无一完整。短柱上的数十尊佛、菩萨像亦有不同程度残损，一般为自然风化剥蚀，不能辨认其面部神情；也有遭人为损毁的，几乎已被凿平。南幢的残损情况基本上与北幢相同。

### （二）幢身部分

幢身下端有几处石头崩损，残缺一些字。每面都有不同程度的裂损。但大抵尚好，字迹基本清晰，可辨识。

### （三）幢身以上部分

周长比较大的屋檐、仰覆莲等部分破损比较严重，无一完整。特别是朝北一方破损更甚，有的整个北侧三边完全残缺（如二幢的第三层仰莲和伞盖）。周长较小的如短柱、华盖、宝珠等保存基本完好，雕像纹饰清晰。

### （四）幢顶

风化严重。火焰形宝珠剥蚀较厉害。有裂缝，北幢顶部的弯月形石刻已基本断落（图 1–2–20、图 1–2–21）。

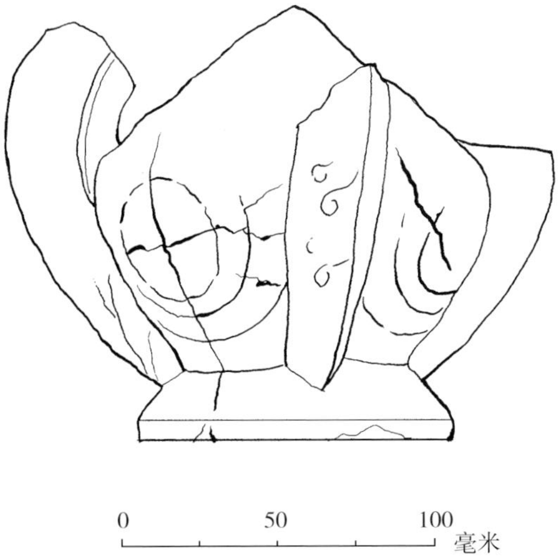


图 1-2-20 南幢幢顶残损情况

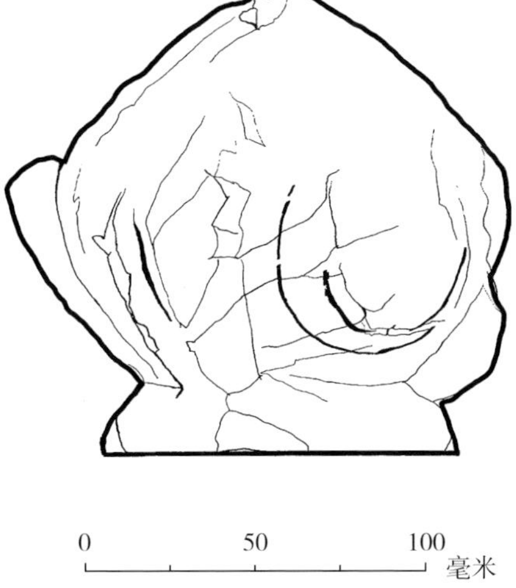


图 1-2-21 北幢幢顶残损情况

## 第三节 价值评估

为准确、完整地评估梵天寺经幢的价值，需在经幢本身的性质、类型探讨基础上，结合经幢所处历史、空间环境及建造工艺水平、保存情况等进行综合分析。

### 一、经幢性质及类型

#### （一）经幢的性质

关于经幢性质，到底是什么，学界也有不同的意见和看法。大多数学者认为它是刻经中的一种，而建筑学大家梁思成在他的文集中提到“唐宋经幢遍布南北，虽非真正建筑物，亦为富于建筑意味之纪念建筑”①，认为经幢是建筑物中的纪念性建筑物。

而现任台湾“中央研究院”历史语言研究所研究员刘淑芬女士则认为，经幢是一种宗教产物，有宗教上的意义。她还从佛教经典、经幢内部所埋藏的舍利、经幢上的造幢记等方面考证并确认，经幢的本质是塔，是一种融合了刻经与造像，并有宗教作用的特殊的塔。

她认为，佛塔分为两种，一是生身舍利塔，一是法舍利塔，而经幢即是属于法舍利塔。所谓的法舍利塔，是指在塔中放置佛经者，其法源自印度，印度系以香末为泥，作高五六寸的小窣堵波，以书写的经文置其中，称之为“法舍利”。若其数渐积多了，则建大窣堵波，总聚其中，以修供养，即法舍利窣堵波（法舍利塔）。经幢因以刊刻《佛顶尊胜陀罗尼经》为主题，自然也属于法舍利塔②。

总之，无论是从经幢与《佛顶尊胜陀罗尼经》的密切关系，部分经幢也埋有舍利以及经幢与塔的结构非常类似等方面来看，还是从建幢记、幢身的铭文或者序文的内容中来看（唐玄宗时期所建经幢上，

① 梁思成《梁思成文集三》，清化大学建筑系编，北京，中国建筑工业出版社 1985 年版，P162。
② 刘淑芬《灭罪与度亡——佛顶尊胜陀罗尼经幢之研究》，上海古籍出版社 2008 年 9 月，P101。

直接称经幢为“塔”），还是民间约定俗称的看法，经幢的性质都是接近于塔，它的历史可以追溯到唐代时期，是刻经、石刻造像、石塔互相融合的特殊的产物，有着浓厚的宗教色彩。

但是，也有专家表示，经幢和塔是两种不同的建筑，他们的作用有严格的区别。关于经幢的性质，还有待专家学者的进一步研究和探讨。

**（二）经幢的类型**

现在我们能看到的经幢多为石质，系以石材建造，故名“石幢”；但是随着建造技术的不断提高，也有其他材质的经幢频繁面世，如铁幢、陶幢、木经幢和木胎夹苎而制成的“珍珠舍利幢”，不过较为少见。

石经幢一般由幢座、幢身、幢顶三个部分组成，都是分别雕刻，雕好后再垒砌成整体。幢座大多为覆莲状，下设须弥座。幢身以棱形石柱为主要形状，一般为八面体，因为经幢多数为石头材质且多见于八面体，所以俗称“八楞碑”[①]。此类形制之外，经幢也见有六面、四面的，还有圆柱形的，极少数为十六面体。现如今所知道的只有河北省邢台市开元寺有唐代所建十六面经幢的残体[②]。

唐代以后，经幢这一构筑物大为流行，分布于各类场所和环境，当然，最主要的还是寺庙中。而《佛顶尊胜陀罗尼经》和《尊胜陀罗尼经》则作为最常见的经文，被镌刻在经幢的幢体之上。经幢一般树立在寺院的山门之前，或是殿堂前庭院之中，如福建泉州开元寺的经幢就是立在大雄宝殿前的庭院里的。依据《佛顶尊胜陀罗尼经》，建立经幢的地点应是在高处，“佛告天帝，若人能书写此陀罗尼，安高幢上，或安高山上，或置楼台上，乃至安窣堵波中”。至于大量经幢建筑于寺院之中的原因，除了与经幢本身浓厚的宗教色彩密不可分之外，这可能和建立经幢时需要僧人的指导——包括经咒版本的选定、建造过程中所举行的仪式、完工时的庆赞的斋会，以及有些经幢是由佛教组织“邑会”所建造的有关[③]。

除了寺院，其他地方如交通要道、墓旁或者墓中（也称墓幢）、佛塔之内或之侧、石窟内、官署内也是经幢树立的地点，甚至还有将其供养于家中的。

关于经幢常见的类型，可见下表：

表 1-2 经幢的分类

| | 种类 | 备注 |
|---|---|---|
| 按材质分 | 木经幢 | |
| | 石经幢 | |
| | 铁经幢 | |
| | 陶瓷经幢 | |
| 按形式分 | 八角形棱柱经幢 | 最普遍 |
| | 六面体经幢 | |
| | 四面体经幢 | |
| | 十六面经幢 | 极少数，如河北邢台市开元寺的唐十六面残幢 |
| | 圆形石柱体经幢 | 今所知仅有陕西礼泉县赵村的唐代鼓形经幢以及洛阳龙门文物保管所藏唐东都圣善寺志行僧怀则尊胜幢[④] |

① 叶昌炽、柯昌泗评《语石·语石异同评》，卷四，经幢条，P269。
② 刘慧达《河北邢台地上文物调查记》，《文物》1963 年第 5 期，P62–63。
③ 刘淑芬《灭罪与度亡——佛顶尊胜陀罗尼经幢之研究》，上海古籍出版社 2008 年 9 月，P86。
④ 张崇德《礼泉赵村镇唐代鼓形经幢》，《考古与文物》1984 年第 2 期；张乃翥《龙门藏幢读跋两题》。《敦煌研究》1989 年第 2 期。

| | | |
|---|---|---|
| 按地点分 | 寺院山门前、殿堂前庭院内的经幢 | 可能与建立经幢时需要僧人的指导，包括经咒版本的选定、造幢过程中所举行的仪式、完工时的庆赞斋会，以及有些经幢是由佛教徒组织“邑会”所造的有关 |
| | 大道上的经幢 | 《佛顶尊胜陀罗尼经》中提到，“陀罗尼”有“尘沾影覆”的威力神效，可以消除人的业障。在通衢大道上树立经幢，希望惠及众多的过往行人 |
| | 墓旁或墓中的经幢 | 也称墓幢。《佛顶尊胜陀罗尼经》特别强调的是拯济幽冥，和破地狱之功能，经幢建在坟墓旁，希望藉着幢影覆被，可以解救亡者地狱之苦 |
| | 佛塔内的经幢 | 可能为了与佛塔相称，影响了经幢的高度 |
| | 石窟内地经幢 | 经幢龛，取代造像出现 |
| | 供于家中的经幢 | |

参照上述分析，梵天寺经幢类型上属八角形棱柱、石质经幢，建立在寺院山门之内或是殿堂的庭院之中，起到了庄严寺院的作用，唐以后，经幢也变成寺院景观的一部分。杭州梵天寺双经幢，正是经幢工艺、形制发展到完善阶段的典型代表。

图 1-3-1 梵天寺经幢历史照片

## 二、梵天寺经幢的价值评估

五代吴越国三代五王皆推行保境安民、休养生息的国策，且都崇尚佛教。执政的七十余年间大兴土木，广造佛寺，弘扬佛法，佛教盛极一时，使杭州有“东南佛国”之美誉。凤凰山麓更是佛刹林立，梵音不绝，其中以圣果寺、栖云寺、梵天寺为佼佼者，号称为西湖东南三大寺院。梵天寺是吴越国王钱镠为迎奉释迦牟尼真身舍利而建，所以寺院规模宏大，气度不凡（图 1-3-1），与之相匹配的梵天寺经幢制作也极为精美。

### （一）历史价值

早在吴越国创始人钱镠尚未发迹的时候，高僧洪湮法师就告诉他：“好自爱，他日贵极，当以佛法为主。”当钱镠临终时，还告诉其子钱元瓘：“吾昔自径山法济（洪湮）示吾霸业，自此发迹，建国立功。故吾常厚顾此山焉。他日汝等无废吾志！”钱镠的后继诸王都能秉承其遗愿，奉行“信佛顺天”的宗旨，颂信佛教。梵天寺经幢便是吴越国时期佛教昌盛的实物见证。

图 1–3–2 北经幢“建幢记”

经幢的幢身部分除镌刻佛经之外，两幢均刻有《建幢记》，行书体，文末署“乾德三年乙丑岁六月庚子朔十五日甲寅日立天下大元帅吴越国王钱俶建”（图 1–3–2）。《建幢记》印证了吴越王室主持寺庙修建、推广佛教的历史，见证了五代吴越国境内佛教的繁荣。无疑为考证吴越国的佛教文化和确切纪年提供了珍贵的实物史料，是研究吴越国历史以及当时五代十国、唐末宋初那段纷乱的历史不可多得的宝贵资料。

### （二）艺术价值

梵天寺经幢采用双幢形式，形制、高度基本相同，用石灰岩分段雕凿筑成，两幢相距 13 米，幢身八面，各部比例和谐，富于整体美感。

在经幢基座和上层短柱上，雕刻有许多佛教人物造像，大多数的人物形象为佛、菩萨、飞天、迦陵频伽（好声鸟），也有一些是供养人的雕像。这些人物形象生动，线条流畅。特别是靠近幢顶部华盖下雕刻着的四只迦陵频伽，均为人首鸟身，作舒肢展翅飞翔状，造型活泼生动，体现了吴越时期的精湛石刻工艺。同时，这些人物的衣饰不仅生动地展现了当时人们的生活习俗、社会意识与美学观念，而且也从侧面反映出了佛教文化在当时已逐步进入世俗化。

梵天寺经幢是国内保存至今较为完整的石刻精品，是五代经幢中的佳例，也是浙江省内现存最高的经幢。梵天寺经幢与全国最高的河北赵县陀罗尼经幢相比较，高度相差无几（均为 15 米左右）；建造时间上看，梵天寺经幢更早，建于北宋乾德三年（965 年），赵县陀罗尼经幢则建于北宋景祐五年（1038 年）；从层次上看，梵天寺经幢更为丰富，共有 33 层叠，而陀罗尼经幢则为 23 层叠；从数量上看，梵天寺经幢也以双幢而取胜于陀罗尼经幢的单幢；从整体现状来看，保存得更为完整，是不可多得的石质文物和瑰丽多彩的艺术杰作。

### （三）科学价值

五代吴越国统治浙江达 85 年，历三代五王，从钱镠到钱弘俶都笃信佛教。因此，吴越国境内的佛寺、造像，不仅在数量上“倍于九国（十国中除去吴越国本身）”，而且建筑体型也十分高大。梵天寺经幢就是一个例证。

梵天寺经幢的建造，是我国古代劳动人民智慧创作的结晶。经幢造型俊秀华丽，雕刻精美，反映了吴越国佛教建筑艺术发展的水平，尤其是经幢幢身以上的华盖造成腰檐形式，腰檐下施铺作，斗栱规正；瓦面雕出垂脊、戗脊、脊兽、筒瓦以及檐口的椽飞、勾头滴水等，这些反映建筑时代特征的小构件，在一般宋代木构建筑中极难保存，它为研究宋代营造制度提供了实物史料，具有极高的科学价值。

它的整体保存相对完整，显示了较高的石作建筑水平。双幢体型较高，自下而上层次较多，但从须弥座到幢顶并无一层缺失，这需要精密的衔接与相当高的安装水平，从而进一步体现了它珍贵的科学价值。

总而言之，全国重点文物保护单位梵天寺经幢，是现存吴越佛教艺术和塔幢类建筑的杰出代表，是国内少见的石刻精品，幢体上百余尊造像，有佛、菩萨、飞天、迦陵频伽，也有凡夫俗子，形象逼真、容相秀丽、造型生动，特别是这些人物的造型和装饰形象地反映出当时人们的社会意识、美学观念、生活习俗，同时也反映了佛教文化世俗化的程度。因此，梵天寺经幢不仅在建筑史上占有独特的地位，也为后世研究吴越时期的社会生活、佛教文化及造像艺术提供了不可多得的史料，是我国古代劳动人民的智慧与非凡的创造力的完美结晶。

# 第二章 文物调查和文献研究

## 第一节 文物调查

从20世纪80年代开始，浙江省、杭州市各级文物部门对梵天寺经幢及相关文物遗存进行了多次调查。

### 一、首次全面调查

1981年10月，浙江省文物考古研究所对梵天寺进行了全面的调查，并编写了较为详细的调查报告。此次主要调查对象为梵天寺经幢，且对梵天寺经幢的各个细部构造做了详细的调查和测量，按照从下到上的顺序，描述了基座、一层束腰、二层束腰、三层束腰、幢身及幢身以上部分的构造、尺寸，并对造像的数量、人物的服饰及保存现状作了细致的描述，抄录了幢身镌刻的经文和建幢记。根据调查记录，

图2-1-1 经幢全景（南视角）

可知当时北幢第二层束腰下、南幢第一层束腰以下被砖石土块掩埋，基座金刚石都有破损，短柱上的造像都有风化剥蚀，严重的几被凿平。幢身下端有几处石头崩损，残缺一些字，每面都有不同程度的裂损，但大体尚好，字迹也还清晰。幢身腰檐、仰莲破损严重，无一完整，特别是朝北一方破损更厉害。短柱华盖、宝珠等保存基本完好，雕像纹饰清晰。两幢幢顶风化严重，火焰宝珠剥蚀厉害，有裂缝，北幢顶的日月已断落。南幢周围有民居建筑。

此外，调查者从《吴越备史》、《咸淳临安志》、《西湖游览志》、《湖山便览》等文献中摘录了有关梵天寺的记载，认为梵天寺经幢是我省仅存经幢中最高大的一对，而且雕凿精美，反映了吴越国佛教建筑艺术发展的水平，同时也是研究宋代建筑的实物史料。此次梵天寺经幢调查详细真实地反应了当时梵天寺的情况。可以看出当时两幢结构和雕凿刻像及破损情况基本与今无异（图 2–1–1 ～图 2–1–5）。

图 2–1–2 南幢周围有民居建筑

图 2–1–3 北幢残损情况

图 2–1–4 造像面部几被凿平

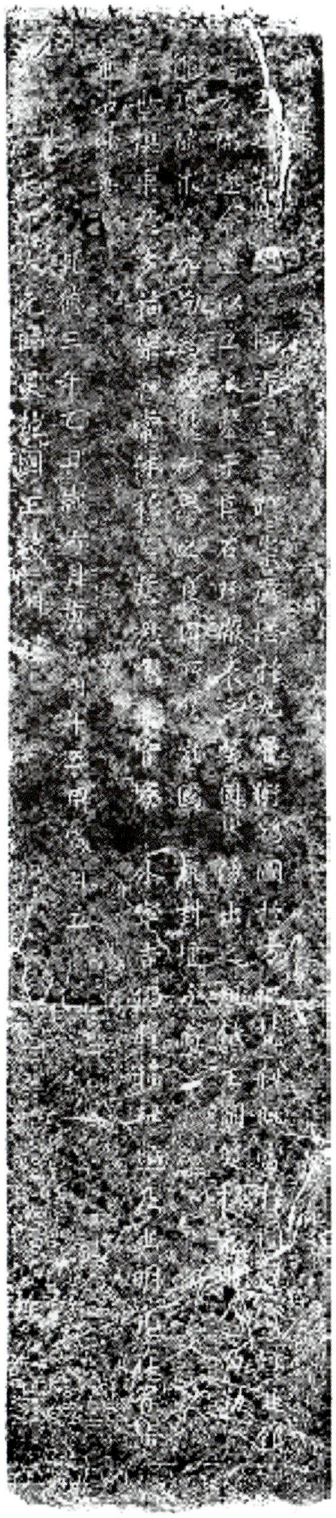

图 2–1–5 建幢记拓片

## 二、周边文物遗存调查

1984 年 6 月，在杭州市园林文物局主持的杭州市第一次文物普查，对梵天寺经幢及遗址进行了调查。这次调查现存资料为浙江省考古研究所制表的“浙江省文物遗址调查（复查）登记表”。主要记述了梵天寺遗址上留存的灵鳗井、金井的保存现状及梵天寺的沿革概况。记录资料显示，其中一井口直径约 1 米，井圈原为一大青石板上开左右二眼（现横面断裂为二），此井井壁下面为鹅卵石砌置，上面为大青砖，错缝叠砌，井已干涸（围墙外）。另一井口较小，直径约为 40 厘米，原井圈因年代久远已下陷，井壁为砖石错缝叠砌（围墙内）。

## 三、幢身拓印

2000 年 3 月，杭州市园林文物局凤凰山管理处主持对梵天寺经幢及遗址进行了调查，重点是对幢身的佛经及建幢记进行调查和拓印，全套经文拓印、编号、存档保管。

## 四、经幢倾斜调查

2000 年 5 月，针对梵天寺经幢的倾斜状况，杭州市园林文物局凤凰山管理处委托浙江省综合勘察研究院对梵天寺经幢进行倾斜观测并出具《杭州梵天寺经幢倾斜观测技术报告书》。通过专业的观测数据，计算两经幢中倾斜度为南幢倾斜量为向南、东 91.4 毫米，倾斜率为 8.7‰；北幢向东 250 毫米，倾斜率达 23.8‰。同时发现经幢不同断面间的斜率有所差别，个别有所扭曲（图 2–1–6、图 2–1–7）。此次观测为经幢的保护工程提供了数据。

图 2–1–6 经幢倾斜勘测现场

图 2–1–7 南幢基座

## 五、经幢及遗址调查

2001 年 8 月，在杭州市第四次历史文化遗产普查中，杭州市园林文物局凤凰山管理处对梵天寺经幢及遗址进行了全面普查。此次调查现存资料为浙江省文物局制表的《浙江省历史文化遗产普查登记表》，从基本情况、历史沿革、地理位置、保存及管理情况、情况概述等几方面记录了梵天寺遗址、遗址留存和梵天寺经幢的情况。并附主要文物一览表、相关文献、价值评估、主要文物照片和细部照片等。

## 六、经幢保护工程地质勘察

2000 年，杭州市园林文物局凤凰山管理处委托浙江省综合勘察研究所，对梵天寺经幢的地质情况进行了详细调查。此次调查采取现场开挖，采集地质标本，结合当地地理位置、地形地貌，从地质条件、地基土分析等专业角度分析经幢倾斜原因、论证梵天寺经幢保护工程的可操作性。勘察报告认为，两幢台基周围较为平坦，场地的地基属坡积土和人工堆积土，经幢地基的承载力基本能满足建筑物的承载力要求。建议纠偏时应对地基进行加固处理，不宜破坏经幢台基周围的地基土，并拆除周围紧邻的建筑物。

## 七、经幢高度测量调查

2004 年，杭州市园林文物局凤凰山管理处委托杭州市勘测设计研究院对梵天寺经幢的高度进行测量。采用瑞士 Leica TCR1101 高精度全站仪，利用其先进的免棱镜测距功能，在不同位置对两经幢的高度进行了直接精确测量。测量结果为：南幢塔基高程 20.79 米，塔顶高程 35.78 米，塔顶相对塔基的比高 14.99 米。北幢塔基高程 20.80 米，塔顶高程 35.67 米，塔顶相对塔基的比高 14.87 米。这是梵天寺经幢的精确高度。

## 八、经幢加固修补工程调查

2001 年，杭州市园林文物局凤凰山管理处委托浙江工业大学化工学院材料与工程研究所对梵天寺经幢的破损进行调查，并进行加固工程的先期试验。经过调查，认为梵天寺经幢是以 CaCo3 为主的太湖石构成，表面风化严重，出现开裂。1 毫米以下的细裂纹遍布经幢顶部及上部，还有几处 10 毫米的大裂纹，状况比较严重（图 2-1-8）。

图 2-1-8 北幢顶部裂缝

## 第二节 文献研究

梵天寺经幢从建成至今已历千年之久，各类文献典籍、诗词歌赋对其都有记载或描述，杭州市园林文物局凤凰山管理处在日常保护管理工作中，悉心收集梵天寺经幢相关文献记录、图片资料等等，加强经幢的相关研究，以更好地进行文物保护和利用工作。

从目前已掌握的资料看，文献记载内容主要集中在梵天寺历史沿革、相关文物遗存，如阿育王舍利塔、木塔、灵鳗井、金井、经幢等方面。历史文献研究有助于理清梵天寺历史脉络，特别是一些地方志则较为详细地记载了寺庙屡毁屡建的过程。现将主要文献摘录研究如下，以资参考。

### 一、建寺缘起、沿革及兴废

五代吴越时期历代国王无不尊崇佛教，吴越国境内佛教发展迅速，呈现全面繁荣之势，杭州作为其都城，号称“东南佛国”。这一时期杭州境内寺院林立，梵音不绝，寺庙、经幢也随之大量修建。（明）陈善所编《杭州府志》[①]：“梵天寺在东乡芳梅村，唐天祐元年（905 年）吴越王建，名顺天院。宋治平二年（1065 年）改今额，元末毁。明洪武十年（1377 年）复建，后并宝庆院。”同书又载：“梵天寺在凤凰山，宋乾德中吴越王建，名南塔，治平中改今额。”大致勾勒出了梵天寺从唐末到宋初的发展、定型过程。

梵天寺最重要的发展阶段当属五代吴越时期，因此这个阶段的相关史料也较多。宋人范坰、林禹《吴越备史·卷二》：“秋七月，敕授王为诸道兵马元帅。冬十二月，建浮屠于城南，王命惠州防御使弟铧率官吏僧众诣明州鄮县阿育王寺，迎释迦舍利塔归于府城，仍建浮屠于城南以置之。”[②] 这段文献记载了梵天寺前身南塔寺的建造时间及缘由。相关的文献记载还有：

1. 宋·潜说友《咸淳临安志》：“梵天寺，乾德中钱氏建，旧名南塔。治平中改赐今额。”

2. 明·田汝成《西湖游览志》：“梵天寺，宋乾德中，吴越王建，名南塔，治平中，改今额。”[③]

3. 明·王在晋《重修梵天寺建观音阁记》：“由凤山门折而南，又南折而西，为梵天讲寺。宋乾德三年（965 年），吴越王所建也。”

4. 明·张岱《西湖梦寻》：“梵天寺在山川坛后，宋乾德四年吴越王建，名南塔。”[④]

5. 清·翟灏《湖山便览》：“（梵天寺）在胜果寺南。宋乾德二年（964 年），钱王宏俶建，名南宝塔寺。”上述文献虽前后时间有相互抵牾之处，但基本理清了顺天院、南塔寺、梵天寺的沿革过程。梵天寺经幢应为宋乾德三年（965 年）重建梵天寺时建造，这与梵天寺经幢上所刻的“建幢记”相印证。

梵天寺命运多舛，历史上几毁几建。（清）翟灏《湖山便览》载：“三年，建经幢于寺门，铸武肃、文穆、忠献三王铜容供寺。……有月廊数百间，寺中多杨梅、卢橘。”[⑤] 可见梵天寺初建时规模较为宏大。《湖山便览》中引用杨文公《谈苑》云：“……俶在国，天火屡作，延烧此塔，一人奋身烈焰，登二级持之而下。太平兴国初，太宗命取入禁中。”指五代周显德五年（958 年）杭城火灾频繁，殃及南塔，

---

① 明·陈善编撰万历《杭州府志》，成文出版社《中国方志丛书·华中地方》第 524 号。
② 宋·范坰、林禹《吴越备史》，卷一，台北新兴书局有限公司，1981 年版，P1648。
③ 明·田汝成辑撰《西湖游览志》，上海古籍出版社 1999 年版，P10。
④ 明·张岱《西湖梦寻》，上海古籍出版社 1998 年版。
⑤ 清·翟灏等辑《湖山便览》，上海古籍出版社 1998 年版，P287。

南塔被焚毁，释迦舍利塔被一僧人抢出，后供奉于开宝寺。之后又多次重建，《西湖游览志》提到“元元统中毁，皇明永乐十五年（1417 年）重建”。“建炎后，仅存小寺，幢塔皆他属。元元统间毁。明永乐、万历二次重建”。《湖山便览》中另有“清康熙间，僧省庵继席，道化宏敷，一时称盛。咸丰间毁，仅存遗址”的记载。清·李卫《西湖志》引《嘉靖仁和县志》云：“年久倾圮，嘉靖四十三年僧成杉建佛殿。万历三十二年僧仁良建天王殿与山门。四十年，僧来纶建观音殿，凿池名元镜。”①

## 二、梵天寺木塔

据沈括《梦溪笔谈》：“钱氏据两浙时，于杭州梵天寺建一木塔，方两三级，钱帅登之，患其塔动。匠师云：‘未布瓦，上轻，故如此。’乃以瓦布之，而动如初。无可奈何。密使其妻见喻皓之妻，赂以金钗，问塔动之因。皓笑曰：‘此易耳。但逐层布板讫，便实钉之，则不动矣。’匠师如其言，塔遂定。盖钉板上下弥束，六幕相联，如胠箧，人履其板，六幕相持，自不能动。人皆伏其精炼。”②《湖山便览》和《吴越史事编年》中关于木塔的记载皆引于《梦溪笔谈》。

《咸淳临安志》中记载城南释迦舍利塔于显德五年发生火灾，开宝元年又重造。此塔或许就是《梦溪笔谈》中所载之木塔。

## 三、经幢及镌刻经文

《西湖游览志》、《西湖梦寻》等文献中提到梵天寺“有石塔二”，当指此二经幢。翟灏《湖山便览》云，宋乾德三年，“建经幢于寺门”。《两浙金石录》中抄录了梵天寺经幢的建幢记：“窃以奉空王之大教，尊阿育之灵踪，崇雁塔于九层，卫鸿图于万祀。梵刹既当于圆就，宝幢是镇于方隅。遂命选以工人，凿于巨石，琢鞭来之坚固，状涌出之规仪，玉削霜标，花雕八面，勒佛顶随求之嘉句，为尘笼沙界之良因。所愿家国恒康，封疆永肃，祖世俱乘于多福，宗亲常沐于慈恩，职掌官僚，中外吉宁，仍将福祉，遍及幽明。凡在有情，希沾妙喜。乾德三年乙丑岁，六月庚子朔，十五日甲寅日立，天下大元帅、吴越国钱王俶建。”③建幢记详细记载了经幢建造缘起、建造时间、造幢工艺和过程，为梵天寺经幢断代、梵天寺历史沿革及当时吴越国历史情况研究提供了实物证据，有很高的历史价值。

图 2-2-1 仰莲、宝珠、腰檐

① 施奠东主编《西湖志》，上海古籍出版社 1995 年版，P449。
② 宋·沈括《梦溪笔谈》卷十八，据胡道静校注《梦溪笔谈校证》，中华书局 1959 年版。
③ 清·阮元编录《两浙金石志》卷五，江苏古籍出版社 1998 年版。

《浙江文物简志》中对经幢有详细的描述：经幢高 15.76 米，幢身八面，各部比例和谐，体量与制作列为浙江省经幢之首，富有整体美感。经幢由湖石雕刻逐级叠砌建成，其下三层以束腰须弥座为基座，底层浮雕“九山八海”，其上两层束腰部分四面均雕佛像；基座之上为幢身。幢身之上为华盖、腰檐、

图 2-2-2 仿木斗栱

图 2-2-3 北幢造像

蕉叶山花、宝珠、仰莲、方柱、覆莲，层层叠建（图 2–2–1）。经幢顶端以日月宝珠收刹。经幢上部华盖上端饰如意云头，下部雕迦陵频伽自云中飞出，呈凌云翱翔之势。腰檐采用仿木结构形势，斗栱用六铺作双杪单下昂偷心造承托檐子，每面铺间一朵；檐面凿出瓦、椽头、脊与戗兽，檐口刻有瓦当、滴水，仿照木结构形势，逼真、忠实。经幢各层短柱设壁龛，龛内雕有佛像，各一尊、三尊、五尊不等，形象庄严慈慧，容像秀丽，慈眼微开，造型生动，线条流畅[①]（图 2–2–2、图 2–2–3）。

左幢身刻《大佛顶陀罗尼经》，右幢身刻《大随求即得大自在陀罗尼经》。唐时的经幢上大多刻的是《佛顶尊胜陀罗尼经》，后来随着时间的演变，有的经幢刻《尊胜经》之外，并刻其他佛经，如《般若波罗蜜多心经》，或只刻其他佛经，如《大佛顶陀罗尼经》等。建于宋乾德三年的梵天寺经幢就刻得是《大佛顶陀罗尼经》和《大随求即得大自在陀罗尼经》。《佛顶尊胜陀罗尼经》流行始于唐，不缀于宋，迄于明清。其内容兼济亡者与生灵，有破地狱的功能。“佛告天帝：若人能书写此陀罗尼，安高幢上，或安高山或安楼上，乃至安置窣堵波中。天帝，若有苾刍、苾刍尼、优婆塞、优婆夷、族姓男、族姓女，于幢等上或见或与相近，其影映身；或风吹陀罗尼上幢等上尘落在身上，天帝，彼诸众生所有罪业，应堕恶道、地狱、畜生、阎罗王界、饿鬼界、阿修罗身恶道之苦，皆悉不受，亦不为众罪垢染污。天帝，此等众生，为一切诸佛之所授记，皆得不退转，于阿耨多罗三藐三菩提。”此段经文提到，若有人书写此陀罗尼，将它置于高处，如高幢、高楼、高山上，或将它置于窣堵波（塔）中，则此人所犯罪业恶报皆可消除，不堕地狱等恶道。这样的描述，直接影响了唐人采取将此经镌刻在石幢上的方式，而创作了石经幢。更耸动人心的是，经文中提到：凡人接近或见到此陀罗尼，甚至只要书写着此陀罗尼的经幢的影子映到身上，乃至于幢上的灰尘偶然飘落人身上，则此人亦得以净除一切罪业恶道。这也是促使唐人建立经幢的主要原因之一。另外除佛经外，有的经幢上还刻有其他文字，如造幢记等。造幢记有的仅简短地记载造幢者及造幢年月，有的则较详细，除赞扬《佛顶尊胜陀罗尼经》的神妙威力之外，并述造幢缘起等[②]。梵天寺经幢的建幢记记录了建幢缘起、建幢时间等。

## 四、灵鳗井与金井

南宋潜说友《咸淳临安志》：“灵鳗井在凤凰山南塔寺（今额曰梵天寺）。先是四明阿育王山有灵鳗井，传云护塔神也。后钱氏迎育王舍利归国，井中鳗不见，钱氏乃于寺廊南凿石为井，而鳗常现。僧赞宁有鳗井记刻塔石上，今不存。”[③]《西湖游览志》、《西湖梦寻》等文献中也都有灵鳗井的记载。此外，《西湖梦寻》、《西湖游览志》及《西湖志》引用的《吴越备史》都有金井记载。此二井的存在显然是为了应付寺内僧众的生活用度，这从另一侧面说明了梵天寺曾经的繁盛。

## 五、金银大藏经

南宋潜说友《咸淳临安志》：“吴越忠懿王建大藏经五千四十八卷，碧纸银书，每至佛号，则以金书牙签银轴制，甚庄严。”清・翟灏《湖山便览》也有类似记载。佐证文献，金银书大藏经应藏在释迦真身舍利塔内。金银书大藏经的存在可以说明，梵天寺是规格很高的佛教名刹。

① 浙江省文物考古研究所编《浙江文物简志》，浙江人民出版社 1986 年版。
② 刘淑芳《灭罪与度亡——佛顶尊胜陀罗尼经幢之研究》，上海古籍出版社 2008 年 9 月。
③ 宋・潜说友《咸淳临安志》，江苏广陵古籍刻印社 1983 年版。

## 六、苏轼与梵天寺

苏轼先后于北宋熙宁四年（1071 年）和元祐四年（1089 年）两次任职杭州。作为地方长官的苏轼和梵天寺僧相熟。《西湖游览志》中，记载了苏轼与梵天寺僧守铨的对诗。东坡过访梵天寺，见其壁间诗有："落日寒蝉鸣，独归林下寺。柴扉夜未掩，片月随行履。惟闻犬吠声，又入青萝去。"东坡援笔和之曰："但闻烟外钟，不见烟中寺。幽人行未已，草露湿芒履。惟应山头月，夜夜照来去。" 清远幽深，其气味自合。清・徐逢吉《清波小志》云："梵天寺，在凤凰山之右翼。石幢高竖，皆镌吴越僭号，今模糊不复辩矣。其寺之伽蓝，乃东坡也。禅家取东坡'溪声便是广长舌，山色不离清净身'二语，以为见道，不若其题梵天五古云'但闻烟外钟，不见烟中寺。幽人行未已，草露湿芒履。惟应山头月，夜夜照来去'一诗，色相俱空，已臻上乘，其成佛当不在灵运下也，矧伽蓝乎？梵天有坡仙，犹鹤林有米老，能令旃檀林顿添佳致。坡公之为梵天伽蓝，人罕知之，故为拈出。自记慧业文人，应生天上，良然。孙雪亭。"① 明・张岱《西湖梦寻》"梵天寺"条下附记："苏轼《梵天寺题名》：余十五年前，杖藜芒履，往来南北山。此间鱼鸟皆相识，况诸道人乎！再至惘然，皆晚生，相对但有怆恨。子瞻书。元祐四年十月十七日，与曹晦之、晁子庄、徐得之、王元真、秦少章同来，时主僧皆去，庭户寂然，徙倚久之。东坡书。"

据上述记载，苏轼在任职杭州时常来常往于梵天寺。第二次任职杭州时，苏轼面对梵天寺的变迁，有了"再至惘然，皆晚生，相对但有怆恨"的失落。后人言梵天寺必提苏轼。《清波小志》中评苏轼为梵天寺"伽蓝"，这种不做常人观的评价，使作为宋时名人的苏轼和杭州名刹的梵天寺，以这样的方外和谐传名于世。

## 七、文献记载的梵天寺僧

1. 释赞宁（919 ~ 1001 年），北宋著名佛学家和翻译家。俗姓高，吴兴德清人（今属浙江湖州），著述颇丰，影响较大。《宋史》卷二百五・志第一五八・艺文四有僧赞宁《僧史略》三卷② 。《咸淳临安志》中灵鳗井的记录中提到，"先是，四明阿育王山有灵鳗井，吴越王迎阿育舍利归梵天寺奉之，凿井南廊，鳗忽见。僧赞宁有记。"

2. 释志铨，资料不详。田汝成《西湖游览志》中，记载了苏轼和梵天寺僧志铨的对诗。"落日寒蝉鸣，独归林下寺。柴扉夜未掩，片月随行履。惟闻犬吠声，又入青萝去。"即僧人志铨的诗作。

3. 释省庵（1686 ~ 1734 年），清代高僧，中国净土宗第十一代祖师。俗姓时，名实贤，字思齐，江苏常熟人。他博通佛儒，能诗善赋，且精于书法。清雍正二年（1724 年），移锡杭州梵天寺。其著名作品《劝发菩提心文》便是在杭州筹办涅槃法会时写成的。《湖山便览》中有"清康熙间，僧省庵继席，道化宏敷，一时称盛"的记载。

4. 释成杉、释来纶、释仁良，资料不详。《西湖志》③ 引用《嘉靖仁和县志》：年久倾圮，嘉靖四十三年僧成杉建佛殿。万历三十二年僧仁良建天王殿与山门。四十年，僧来纶建观音殿，凿池名元镜。文献上出现的几位僧人中，有几位佛法精湛、具有一定影响力的高僧。由此可以看出梵天寺在佛教丛林的地位和影响。

① 清・徐逢吉等《清波小志》，上海古籍出版社 1999 年版。
② 元・脱脱等撰《宋史》，中华书局 1985 年 6 月新一版。
③ 清・李卫主持修撰《西湖志》，上海古籍出版社 1995 年 1 月第一版。

# 第三章 历年的保护与管理

## 第一节 保护范围与管理机构

### 一、保护范围、建设控制地带及建设项目控制情况

梵天寺经幢保护范围和建设控制地带由杭州市园林文物局委托杭州市城市规划设计研究院、杭州市文物保护管理所勘察划定，经杭州市人民政府、浙江省文物局、浙江省建设厅、浙江省人民政府逐级审批后，于1998年9月公布，具体公布文件为“浙政发[1998]185号《关于划定杭州六和塔等123处文物保护单位保护范围及建设控制地带的批复》”。

保护范围：梵天寺遗址前双经幢及连线所占用地。

建设控制地带：东至双幢东栅栏以东约50米，南至南幢以南约35米，西至浙江省军区后勤部幼儿园西围墙，北至北幢以北约45米（图3–1–1）。

保护范围和建设控制地带确定后，根据文物保护法等相关法律法规及文物保存现状，制定了相应的保护管理要求。

**（一）保护范围的管理要求**

在保护范围内不得进行与梵天寺经幢保护无关的建设工程，不得改变和破坏历史上形成的格局和原貌，禁止任何破坏环境景观和其他影响文物安全（如燃放烟花爆竹）的活动。若有关部门要对梵天寺经幢进行维修、保养时，必须遵守不改变文物原状的原则，其设计方案和施工说明，应征得国家文物局的同意；重大建设工程若涉及梵天寺经幢的，建设单位应当根据梵天寺经幢的文物保护级别，经国家文物局同意后，再会同国家文物局确定保护措施，并列入设计任务书。

**（二）建设控制地带和监控管理说明**

在建设控制地带范围内禁止堆存易燃易爆物品，禁止一切可能危害文物安全的活动；严禁破坏地形、地貌、道路和水系，严禁开山采石，砍树伐林，除批准的规划农居地外，不应建设与文物保护无关的项目。

在成街成片统一规划、统一建设时，由于规划需要，在不影响文物保护单位本体景观的前提下，其形式、高度、体量、色调等要求与文物古迹相协调，建筑高度控制在10米以内；严格控制建筑密度、容积率，提高绿地率，并留足够的防火间距。拟定详细规划，具体设计方案须征得相应级别的文物管理部门的同意，然后才可经过审慎研究后，经市文物、规划部门同意，报市政府批准后实施。

凡涉及文物保护单位的各项城市建设工程，除应按上述意见办理外，还应按照《城市建设管理条例》办理。

**（三）建设项目控制情况**

由于历史原因，在梵天寺经幢保护范围内，即南幢南侧、东侧有两处违法建筑。一处建于1972年，

图 3-1-1　梵天寺经幢保护范围与建设控制地带

杭州铁路分局南星桥车站以修筑人防工事为由，未经有关部门批准，擅自在南幢前搭建临时工棚，并保留十余年，在此期间，还安排了一户职工入住。另一处也搭建于同一年，由杭州市建筑公司四工地职工擅自在紧贴南幢处搭建两间违法建筑，并在以后的十余年中将该违法建筑扩建至四间。

两处建筑紧靠经幢本体，危及文物本体的安全。为此，杭州市园林文物局于 1984 年 6 月 30 日，发出对梵天寺经幢环境及周围建筑进行整治拆除的文件。随后在杭州市园林文物局的督办下，杭州铁路分局南星桥车站搭建的临时工棚被及时拆除。但由于资金上的困难，紧贴梵天寺南幢搭建的违法建筑一直拖至 2000 年 6 月 19 日，才由杭州南宋皇城遗址文物保护管理所筹措资金拆除（图 3–1–2 ~ 图 3–1–5）。

2001 年 9 月，杭州南宋皇城遗址文物保护管理所对经幢周边环境进行整治，用铁栅栏对经幢的保护范围进行围栏保护，面积约为 320 平方米。

图 3–1–2 紧贴南幢的违章建筑

图 3–1–3 正在拆除的违章建筑

图 3–1–4 违章建筑拆除后

图 3–1–5 经幢周边环境整治

### 二、管理机构情况

梵天寺经幢的日常保护与管理工作由杭州市园林文物局凤凰山管理处承担。凤凰山管理处成立于1986年8月13日，是杭州市园林文物局下属的正处级事业单位，辖区北承西湖、南接钱江。区域内历史积淀丰富，是南宋文化和吴越文化的交汇点，拥有各类文保单位和文保点达四十二处之多，其中以南宋皇城遗址为代表的全国重点文保单位就有六个（八处）。

1997年10月1日，经杭州市园林文物局审批同意，在管理处增挂杭州南宋皇城遗址文物保护管理所牌子，加强对辖区南宋皇城遗址等文物保护单位的管理力度。

## 第二节 纠偏工程

### 一、工程概述

梵天寺经幢历经千年风雨，由于部分结构风化缺失、地基沉降不均及周围频繁的一些人为活动导致经幢倾斜率严重超标，经测定，南幢倾斜度为8.7‰，北幢倾斜度达23.8‰，而国家相关指标为小于5‰。为了进一步加强对梵天寺经幢的保护，防止经幢随风化、开裂等过程而加剧倾斜甚至倾倒，杭州南宋皇城遗址文物保护管理所委托浙江大陆建筑特种工程有限公司对梵天寺经幢实施基础纠偏及加固工程。项目从2000年4月杭州南宋皇城遗址文物保护管理所向杭州市园林文物局递交请示到2001年7月工程验收组对梵天寺经幢纠偏工程进行现场勘察、同意竣工验收，时间跨度一年零三个月。

### 二、施工过程及成效

#### （一）纠偏原因分析

表3-1 纠偏原因分析

| | |
|---|---|
| 自身因素 | 风吹日晒雨淋对经幢的侵蚀、风化作用导致经幢开裂、松动 |
| 环境因素 | 风吹日晒雨淋对土壤、岩石结构的侵蚀、破坏，使地基不均匀沉降 |
| 其他因素 | 周围的人为活动、地下水流失等 |

#### （二）制定纠偏保护方案

经现场勘察，结合经幢保存现状和专家讨论意见，决定采用“沉井冲水排土法”对梵天寺经幢进行纠偏。沉井冲水（抽水）排土法是在沉降小的一侧设置沉井，在沉井壁上预留放射状均匀布置的冲孔，用高压水枪伸入基础沉降小的部分地基进行冲水（抽水）排土迫使其沉降，从而达到纠偏目的。其特点主要有：

1. 地下水的排出，加速土体中地下水的流动，有利于泥土向沉井移动；
2. 土中水的去除，增加土骨架上的作用力，加速土体的固结，沉降稳定；
3. 沉井施工对周围环境的影响较小，并对施工操作人员的安全可以得到较好的保证；
4. 可使强迫沉降过程缓慢地发展，便于控制；

5．能严格控制地基土不会进入破坏阶段；

6．由于成孔大小、成孔深度、成孔间距的可调性，可有效控制掏土量，从而有效控制沉降量速率和变形量；

7．通过射水成孔使周围土体被水浸润而变软，便于土体产生塑性变形；

8．射水孔下的井壁上及井底下布置有回水孔及渗水孔，使较多的水流回井内，地基土中的含水量没有大的改变，确保纠偏后地基的稳定，不致因含水量过大，而导致地基持续下沉；

9．射水孔在基底以下一定距离，可保证建筑物平缓变形。

“沉井冲水排土法”适用于粉质黏土、砂土等地层内沉井的不排水下沉，能满足相关技术规范的要求，具有可操作性强、节约工期和节省成本的特点。

**（三）施工大事记**

1. 前期工作（2000 年 1 月 ~ 2000 年 5 月）

2000 年 1 月，由杭州市园林文物局凤凰山管理处牵头联系相关文物保护、古建筑专家，着手梵天寺经幢纠倾的前期工作。2 月 16 日召开了第一次梵天寺经幢纠倾前期工作会议，确定工作方向。3 月 1 日起，由浙江省综合勘察设计研究院对梵天寺经幢进行勘察，并得到相关测量数据。3 月 12 至 16 日，完成梵天寺经幢幢体经文拓片工作。4 月 25 日，在凤凰山管理处召开梵天寺经幢纠倾扶正方案论证会，到会专家对大陆特种工程公司出的纠倾方案提出了相关补充意见。之后，由浙江省勘察设计研究院联合施工方对梵天寺经幢基础做二次勘探。

2. 施工阶段（2000 年 6 月 ~ 2001 年 6 月）

2000 年 6 月 19 日开始拆除梵天寺经幢周边的违章建筑，正式启动梵天寺经幢纠倾扶正工程。11 月 28 日，杭州市园林文物局凤凰山管理处与大陆公司正式签订梵天寺经幢工程合同。12 月 10 日施工方正式进入梵天寺经幢现场工地，开始土方搬迁工作。2001 年 1 月，土方搬迁工作基本完成。期间区局、凤凰山管理处领导及相关部门负责人多次到现场查看工程进程并提出指导意见。同年 2 月 10 日，开始搭建脚手架及挖沉井工作，逐步进行纠倾工程。期间为了保证纠倾效果，两次召开经幢纠偏工程论证会，会议主要涉及梵天寺经幢纠倾率、经幢幢顶是否落架、部分裂缝粘接等问题，基本肯定梵天寺经幢纠倾率为 4‰，因幢体风化严重，否认了落架方案（图 3-2-1、图 3-2-2）。

3. 验收维护（2001 年 7 月 ~ 2001 年 10 月）

2001 年 7 月 4 日，组织召开省、市文物主管领导和专家，进行梵天寺经幢纠偏工程竣工验收会议，经与会领导、专家们现场察看，一致肯定幢身纠偏扶正工程效果达到了预期目标。

**（四）取得成效**

经过纠偏工程，梵天寺经幢的南幢纠偏前向南倾斜量为 91 毫米（均以 1 ~ 5 段幢身为准），倾斜度为 8.7‰，纠偏后倾斜量为 50 毫米，倾斜度为 4.8‰（因南经幢端部向北倾斜，不宜继续向北纠偏）；北经幢纠偏前向东倾斜量为 250 毫米，倾斜度为 23.8‰，纠偏后倾斜量为 21 毫米，倾斜度为 2‰。两座经幢纠偏达到了预期目标。

图 3-2-1 梵天寺经幢纠偏施工现场

图 3-2-2 梵天寺经幢纠偏施工现场（北幢）

# 第四章 勘察与实验

## 第一节 结构探查与病害勘察

### 一、经幢结构探查

为了探寻梵天寺经幢的内部结构，便于保护工程的顺利开展，本次工程对经幢进行了详细的资料调查和实地勘察分析。

**（一）经幢结构的相关记载资料**

1. 惠山寺石经幢

惠山寺石经幢立于江苏无锡惠山寺古华山门内两侧，是无锡地区现存最早的地面文物，1956 年 10 月公布为江苏省重点文物保护单位。南面的陀罗尼经幢建于唐乾符三年（876 年），原地面以上十六级，高度为 5.16 米，由幢基、幢身、幢顶三部分组成，经修复，现为十九级，高度为 6.26 米；北面的普利院大白伞盖神咒幢，建于宋熙宁三年（1070 年），为仿唐幢建造，原地面同样十六级，高 5.20 米，修复后仍为十九级，高度为 6.22 米。两经幢相距 10 米，质地都是石灰岩。

据《谈惠山寺唐宋石经幢的修复保护》一文，此经幢“由十九块石构件相叠而成。各层之间均无榫卯结构……”“石经幢的拆卸工程都是用传统的土办法，即在爬杆上挂神仙葫芦来代替现代化起重设备，拆卸时发现在经幢各层上、下叠合面之间，常有 0.5 ~ 1 厘米厚的黄色三合土或硬块石灰及夹带一些陶、瓷片等，特别是当上大、下小的两构件叠合层缝之间，常垫有 1 厘米左右的生铁块。在宋幢由下而上的第 5、6、7 三层下，发现有钱币共 19 枚……”由此可以了解到，惠山寺石经幢的做法属于非榫接法，每级都是以整块石刻雕琢而成，叠合之处未见有榫卯结构。

2. 河南省偃师商城博物馆馆藏经幢

偃师商城博物馆馆藏经幢的建造工艺和结构，从图片可以看出，经幢各石构件之间连接部位有榫卯，应是由榫卯结构连接的（图 4-1-1 ~图 4-1-3）。

图 4-1-1 经幢幢身结构详图

图 4-1-2 经幢结构图

图 4-1-3 幢身顶部榫结构图

3. 梵天寺经幢

2000 年 11 月 ~ 2001 年 5 月，梵天寺经幢实施了幢体纠倾与基础加固工程，其间计划对经幢顶部倾斜较为明显的层次采取落架纠偏处理。但在实施过程中，顶部日月宝顶、仰莲等各层间粘接较为牢固，无法轻易落架。考虑到内部结构尚不明确，强制落架可能造成文物破坏，针对顶部落架纠偏停止实施。落架尝试虽未成功，却提供了经幢顶部层次的结构信息：幢顶宝珠、仰莲等各层之间除有石灰糯米浆起一定粘接作用外，推测经幢顶部各层间应还有上下榫卯结构固定或铁构件串连的可能。

**（二）经幢结构现场实地勘察分析**

经幢高度将近 15 米，底部直径最宽处为 3 米左右，但经幢整体结构构造并不清楚。为了更科学、合理地对经幢进行结构建模和稳定性分析，我们搭建了脚手架，近距离勘察经幢的结构。现场实拍结构照片如下（图 4-1-4 ~图 4-1-13）。

图 4-1-4 岩石叠合面之间的找平铁片

图 4-1-5 岩石叠合面之间的粘合石灰垫层

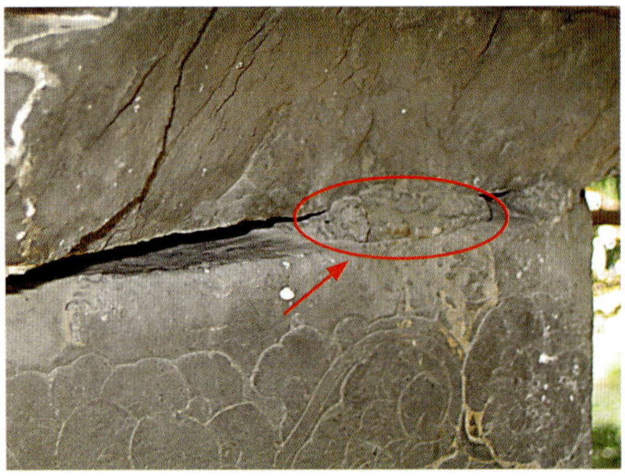

图 4-1-6 断裂面之间的找平铁片

图 4-1-7 宝珠和莲花座叠合面之间的铁片

图 4-1-8 北幢第八层叠合面右侧之间的孔隙

图 4-1-9 北幢第八层叠合面左侧之间的孔隙

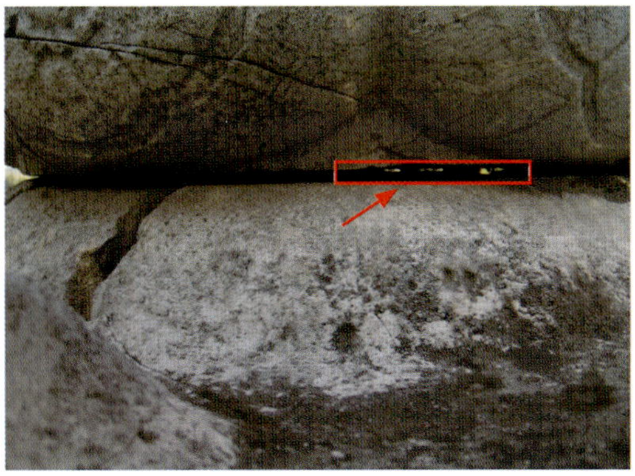

图 4-1-10 北幢第八层叠合面中间的孔隙

图 4-1-11 南幢须弥座断裂构件叠合面之间石灰垫层

图 4-1-12 南幢第七层叠合面左侧之间的裂隙图

图 4-1-13 南幢第七层叠合面右侧之间的裂隙

由现场调查得知，南北两经幢各层岩石之间结构为：经幢腰檐以下部分各层岩石叠合面之间基本每层都有石灰垫层及铁片，而在腰檐以上部位各层岩石叠合面之间基本没有石灰垫层，但有许多找平铁片。从南幢第七层和北幢第八层叠合面的现场勘察资料和图片来看，中间无任何粘合剂，左侧和右侧大约 10 厘米范围内都能看穿过去。中间看不到的地方，在手电光的照射下，可用细铁丝从四周捅进去，初步判断中心为直径大约 10 厘米的实心圆石柱。

经幢石构件之间是否有铆楔的榫头，对于经幢的长期稳定至关重要，为了探明经幢石构件之间的结构，在现场使用了 Yxlon300HP 型便携式 X 光探伤机和 CR-NDT 成像系统对于石构件进行了无损结构探测。Yxlon300HP 型便携式 X 光探伤机是世界最先进的便携探伤机，由于探伤机岩石本体最大击穿 20 厘米，金属构件最大击穿 8 厘米，在现场选取了北幢第 36 层宝珠和第 35 层山花蕉叶交接处，此处有明显缝隙，探伤机无法击穿。结果表明，此处中心连接部位直径不超过 20 厘米，因此初步判断有金属构件。

2009 至 2010 年实施经幢加固保护期间，为了解经幢顶部构件之间的具体结构，经前期精心准备，确保文物安全的前提下，在修整南幢第 38 层日月宝顶时，通过人工方式将日月宝顶稍许抬高 10 厘米，观察其内部结构，发现第 38 层日月宝顶与第 37 层仰莲中间有一圆形铁质插榫，插榫直径约 10 ~ 11 厘米，上半部高约 4.5 厘米（图 4-1-14、图 4-1-15）。

根据以上资料分析和现场实地勘察，可以推断出梵天寺经幢建造的整体工艺：在经幢腰檐以下四层金刚石须弥座和三截短柱之间结构的构造工艺为：岩石层与层之间用铁片找平、石灰做粘合剂；而在腰檐以上经幢的结构工艺为：九层宝珠和九层莲花座岩石层与层之间用铁片找平，然后主要靠岩石之间榫卯结构来固定整体平衡。

图 4-1-14 南幢第 38 层与第 37 层

图 4-1-15 铁质插榫间的插榫

## 二、经幢病害勘察

### （一）病害类型分类

根据现场病害调查，对梵天寺经幢病害进行分类和统计，同时对不同病害分别进行了现场描述和病害面积统计。依据初步调查情况，把梵天寺经幢病害分为十一个类别。病害类型与解释见表 4-1：

表 4-1 病害分类表

| 序号 | 病害类型 | 现象解释 | 照片示意 | 属性 |
|---|---|---|---|---|
| 1 | 缺损 | 石材表面部分或全部因损伤而缺失的现象。产生这种病害的原因可能与受力状态、自然灾害的影响或人为破坏等有关 |  | 完整性破坏 |
| 2 | 剥落 | 石材表层全部或部分在较小的外力条件下基本平行于壁面逐渐脱离母体的现象。产生这种病害的原因可能与自然环境的长期作用有关 |  | 完整性破坏 |

| | | | | |
|---|---|---|---|---|
| 3 | 分离 | 石材表层部分已与母体完全分开，但未脱离的现象。产生这种病害的原因可能与结构破坏和人为破坏有关 |  | 完整性损伤 |
| 4 | 裂缝 | 石材表层一定深度的断开。产生这种病害的原因可能与结构破坏有关 |  | 完整性损伤 |
| 5 | 碎裂 | 石材表层多组断裂交切形成的一定规模的损伤现象。产生这种病害的原因可能与长期应力腐蚀有关 |  | 完整性损伤 |
| 6 | 微裂隙 | 石材表面形成的微小裂缝。该类裂缝不定向，延伸短，深度小且多闭合（0.5毫米）。产生这种病害的原因可能与自然环境的长期作用有关 |  | 完整性损伤 |

| | | | | |
|---|---|---|---|---|
| 7 | 结垢 | 在石材表面渗水处形成具有一定厚度的沉淀物质，物质内部呈灰白色，表面具有波纹状。产生这种病害的原因可能与碳酸盐物质重结晶作用有关 |  | 表层微形态改造 |
| 8 | 结壳 | 外界物质在石材表面形成大于1毫米厚的黑色硬壳层。产生这种病害的原因可能与空气降尘和酸雨影响有关 |  | 表层微形态改造 |
| 9 | 附积 | 外界物质在石材表面附着的现象。在轻微的机械作用下，易于清除。产生这种病害的原因可能与空气降尘、生物活动有关 |  | 表层颜色变化 |
| 10 | 斑迹 | 外界物质在石材表面渗透，从而形成各种斑迹的现象。在轻微的机械作用下，不易清除。产生这种病害的原因可能与金属锈、油渍、生物分泌物、墨迹等有关 |  | 表层颜色变化 |

| | | | | |
|---|---|---|---|---|
| 11 | 微生物 | 石材表面生长有苔藓、地衣等植物，这些植物分泌的酸性成分对岩石产生破坏作用。产生这种病害的原因与石材所处的环境潮湿以及表面有适合植物生长的泥土有关 |  | 表层生长植物 |

## （二）病害调查面积情况统计

在现场搭建脚手架近距离详细地对经幢病害进行描述和统计，两座经幢病害情况具体如下（图4-1-16～图4-1-57）。

南幢主要病害调查照片

图 4-1-16 磐石东南向缺损

图 4-1-17 第一层金刚石南向缺损

图 4-1-18 第一层金刚石西北向缺损及表面生长植物

图 4-1-19 蟠龙南表面附积

图 4-1-20 第二层须弥座缺损

图 4-1-21 第二层八角柱佛龛结壳

图 4-1-22 第二层八角柱佛龛结垢

图 4-1-23 第三层磐石缺损和表面结壳

图 4-1-24 第三层八角柱佛龛裂缝和破碎

图 4-1-25 幢身结垢

图 4-1-26 幢身斑迹

图 4-1-27 腰檐结壳

图 4-1-28 佛龛表面剥落

图 4-1-29 莲花座裂缝

图 4-1-30 顺层理裂隙及构件缺失

图 4-1-31 构件分离

图 4-1-32 由上向下看构件缺失

图 4-1-33 构件破损错位

图 4-1-34 构件断裂

图 4-1-35 顶部岩石风化碎裂

图 4-1-36 宝珠部位岩石缺损

图 4-1-37 经幢顶部风化碎裂

北幢主要病害调查照片

图 4-1-38 磐石部位缺失裂缝

图 4-1-39 第二层金刚石短柱风化碎裂

图 4-1-40 腰檐部位结垢

图 4-1-41 腰檐部位缺损

图 4-1-42 第二层须弥座裂缝和表面结壳

图 4-1-43 第三层磐石风化碎裂及植物生长

图 4-1-44 第三层磐石层状断裂

图 4-1-45 腰檐缺损

图 4-1-46 腰檐结壳及结垢

图 4-1-47 幢身莲花座上堆积杂物

图 4-1-48 构件掉落

图 4-1-49 腰檐以上第三层莲花座构件缺失

图 4-1-50 层状破碎

图 4-1-51 构件风化破碎

图 4-1-52 幢身以上第四层莲花座缺失

图 4-1-53 第五层莲花座缺失破裂

图 4-1-54 幢身上部构件碎裂现状

图 4-1-55 幢身上部构件破裂现状

图 4-1-56 幢身顶部碎裂

图 4-1-57 幢身第七层宝珠破裂及错位

病害面积统计见表 4-2、4-3：

表 4-2 南幢病害面积统计表 （$m^2$）

| 破坏类型 / 面积 $m^2$ / 方位 | 缺损 | 附积 | 结壳 | 分离 | 结垢 | 片状剥落 | 碎裂 | 微生物 |
|---|---|---|---|---|---|---|---|---|
| | | | | | | | | |
| 北 | 2.874915 | 2.506238 | 0.497151 | 0.076860 | 0 | 0.104018 | 0.217369 | 0.680012 |
| 西北 | 2.886812 | 1.610847 | 0.582741 | 0.140868 | 0 | 0.088546 | 0.222829 | 0.701620 |
| 西 | 2.846442 | 2.533306 | 1.799787 | 0.082679 | 0 | 0.043705 | 0.213867 | 0.066027 |
| 西南 | 2.705639 | 1.253472 | 1.341037 | 0.058441 | 0.604271 | 0 | 0.135508 | 0.063705 |
| 东 | 2.512434 | 0.573733 | 1.415529 | 0.137713 | 0.879938 | 0.018862 | 0.377510 | 0.372576 |
| 东南 | 2.362586 | 1.978885 | 0.895415 | 0 | 0 | 0.020990 | 0.479711 | 0.145771 |
| 东 | 1.981895 | 1.436608 | 1.144147 | 0.058085 | 0 | 0 | 0.185322 | 0.149621 |
| 东北 | 2.002897 | 1.691084 | 0.513937 | 0.025154 | 0 | 0 | 0.422089 | 0.691512 |
| 总面积 | 20.173621 | 13.584172 | 8.189742 | 0.579801 | 1.484209 | 0.276121 | 2.254205 | 2.870844 |

表 4-3 北幢病害面积统计表

| 破坏类型 | 面积 $m^2$ | 图形标志 |
|---|---|---|
| 缺损 | 15.062053 | |
| 附积 | 13.888646 | |
| 结壳 | 10.443335 | |
| 剥落 | 1.137800 | |
| 分离 | 1.240859 | |
| 碎裂 | 0.951869 | |
| 微生物 | 3.0658912 | |

从以上病害面积数据统计可知：经幢病害主要以缺损和表面附积、结壳为主。因此，从现场观测经幢岩石开裂和微裂隙是病害治理的重点。

# 第二节 岩石的劣化机理研究

## 一、超声波检测岩石结构和完整性分析

### （一）超声波检测目的

超声波检测的目的，是调查经幢的内部结构是否为整体结构，评价经幢的岩体完整性及风化程度。

### （二）工作的方法、原理及工作步骤

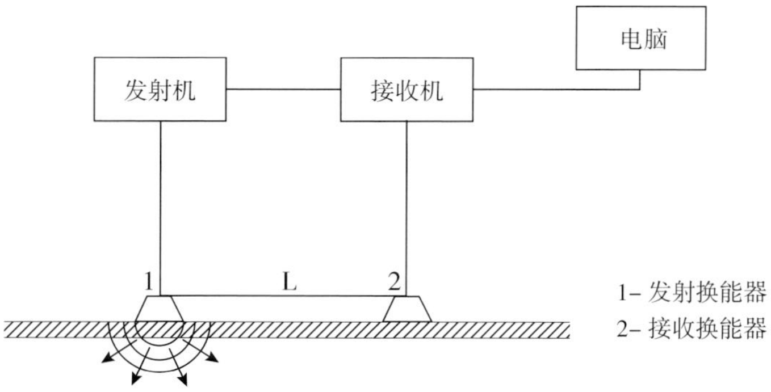


图 4-2-1 声波探测示意

为保护全国重点文物保护单位梵天寺经幢，减少在施工过程中的影响和损害，故采用无损检测方法进行检测。基于现场的环境考虑，仪器需携带方便、采集精确，以便对检测对象进行细致全面的调查。综合考虑多方面的因素后，决定采用超声波探测方法，仪器选用北京骄鹏工程技术有限责任公司自行研制生产的 SRS20 型超声波探测仪，配有高性能超声波换能器。

1. 声波探测原理

声波探测是通过探测声波在岩体内的传播特征来研究岩体性质和完整性的一种物探方法（图 4-2-1）。声波探测所采用的信号频率通常可达 $N\times10$ ～ $N\times10$ 赫兹，因此有较高的分辨率。但由于声源激发一般能量不大，且物体对其吸收作用，因此传播距离较小，一般只适用于小范围内对岩体等地质对象进行较细致的研究。因为它具有简便快速和物体无破坏作用等优点，目前已成为工程与环境检测中不可缺少的手段之一。

如前所述，在研究弹性波在介质的成分、结构、密度等因素发生变化时，声波的传播速度、能量衰减及频谱成分等亦将发生相应变化，在弹性性质不同的介质分界上还会发生波的反射和折射。因此，通过声波仪器探测声波在介质的传播速度、振幅及频谱特征等，便可推断被测介质的结构和致密完整程度，从而对其作出评价。

2. 工作方法

为了使测试结果更准确，经过周密的研究，决定对经幢分作七层进行检测，即 A、B、C、D、E、F、G 测区，经幢测点布置图如下（图 4-2-2，图 4-2-3）。

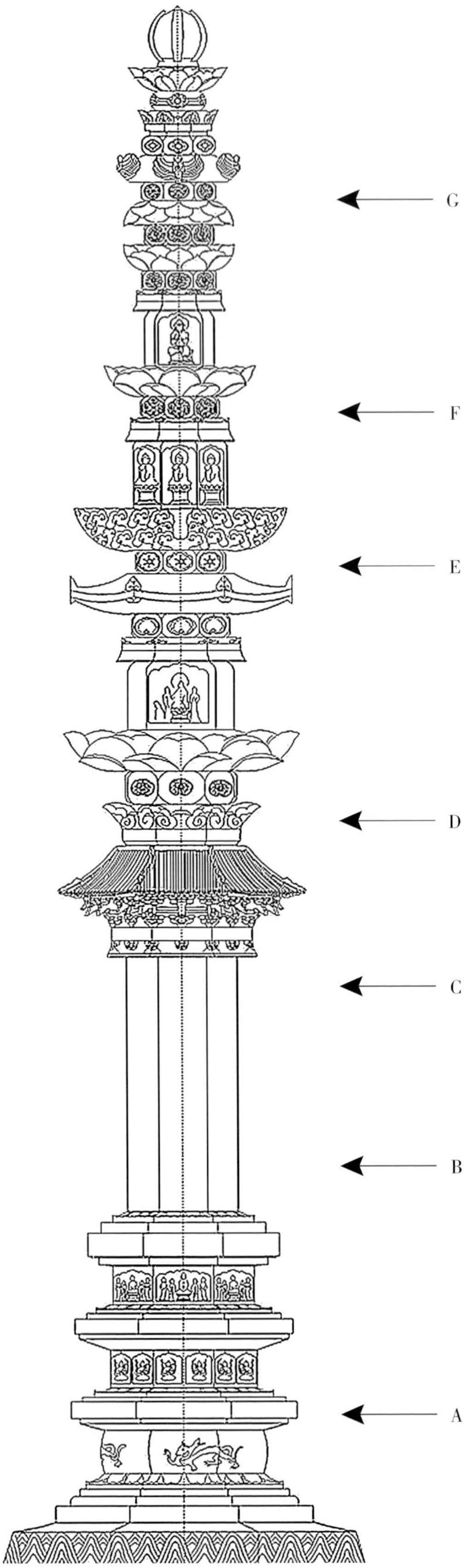


图 4-2-2 梵天寺经幢南幢测点布置

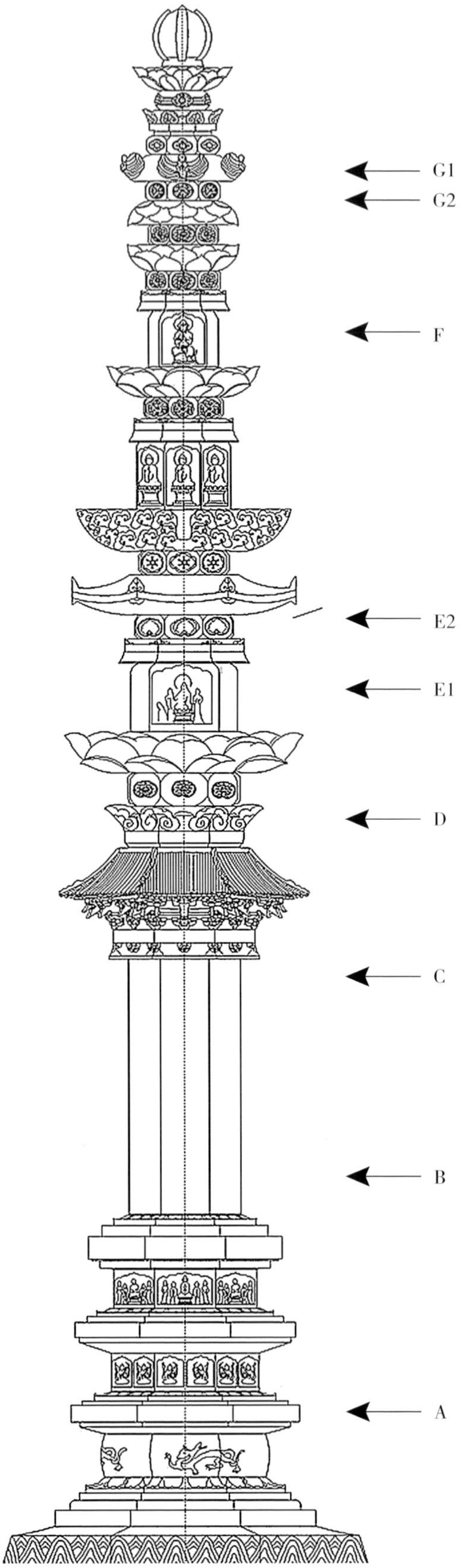


图 4-2-3 梵天寺经幢北幢测点布置

在各测区采用表面波法(直达波法)、透射波法进行检测，以得到更完善的数据(图4–2–4、图4–2–5，表4–4)。

图4–2–4 现场超声波测量

图4–2–5 超声波反射法检测

表4–4 杭州市梵天寺经幢物探工作量表

| 项 目 | 位置 | 测区 | 测点量 | 勘测方法 | 备注 |
|---|---|---|---|---|---|
| 超声波勘测 | 南侧 | A | 4 | 反射法 | 由于测试环境及测试物（经幢）客观条件的限制，有些数据准确性较差，已酌情处理，故不在此报告中 |
| | | B | 3 | 反射法、透射法 | |
| | | C | 3 | 反射法、透射法 | |
| | | D | 4 | 透射法 | |
| | | E | 3 | 透射法 | |
| | | F | 3 | 透射法 | |
| | | G | 4 | 透射法 | |
| | 北侧 | A | 3 | 反射法 | |
| | | B | 3 | 反射法、透射法 | |
| | | C | 3 | 反射法、透射法 | |
| | | D | 3 | 反射法、透射法 | |
| | | E | 5 | 反射法、透射法 | |
| | | F | 2 | 反射法、透射法 | |
| | | G | 2 | 透射法 | |

3. 工作步骤

检测分为三个阶段：

（1）试验阶段

为了正确验证超声波对经幢的勘探效果，首先选择经幢某个典型区域（如底座或者岩体较完整处），对其进行超声波检测，根据测试的结果调整检测方法及相关技术参数：选用25KHz的超声波换能器，采用表面波法和透射波法。

（2）实施阶段

在检测试验的基础上，按照调整后的方法，对检测目标进行多层测点、多位置检测，力求原始资料的准确、翔实。

（3）资料处理及报告编写阶段

在良好的原始资料的基础上，运用专业的超声波处理软件，对资料进行详尽的处理，处理步骤如下：

振幅平衡（AGC）→频谱分析→反褶积滤波→速度分析→偏移（波形归位）→时差校正→时深转换。

**（三）解释推断**

1. 物理特征

超声波检测技术作为无损检测技术的重要手段之一，提供了评价固体材料的微观组织及相关力学性能、检测其微观和宏观不连续性的有效通用方法。

声波速度取决于固体介质的性质（密度、弹性模量、泊松比），所以声速是表征介质声学特性的一个重要参数。见表4–5。施工中我们采用的超声波换能器（探头），主要是发射、接收纵波，通过分析波的速度、频率、振幅就能对被测物体的微观组织及相关力学性能、微观和宏观连续性等进行评价。声波振幅的大小还与固体介质的边界条件有关，由于经幢年代久远，表层风化严重，检测难度较大。

2. 分析计算依据

在这次探测中可认为，相对于测距而言，被测物可以近似看成无限大固体介质，声波的纵波速度 $V_p$ 为：$V_p=\sqrt{\dfrac{E}{\rho}\dfrac{1-\gamma}{(1+\gamma)(1-2\gamma)}}$　　（公式2–1）

式中　$E$——杨氏弹性模量

$\gamma$——泊松比

$\rho$——密度

表4–5 部分材料的弹性参数、声速

| 项目／材料 | 弹性模量（$10^9N/m^2$） | | 泊松比（γ） | 密度 ρ（g/cm） | 声　速（m/s） | | | |
|---|---|---|---|---|---|---|---|---|
| | E | G | | | $V_P$ | $V_L$ | $V_0$ | $V_S$ |
| 钢 | 210 | 81 | 0.29 | 7.8 | 5940 | 5420 | 5190 | 3220 |
| 铜 | 124 | 46 | 0.34 | 8.9 | 4560 | 3900 | 3670 | 2250 |
| 铝 | 70 | 26 | 0.34 | 2.7 | 6320 | 5410 | 5090 | 3100 |
| 玻璃 | 70 | 28 | 0.25 | 2.5 | 5800 | 5460 | 5300 | 3350 |
| 陶瓷 | 59 | 24 | 0.23 | 2.4 | 5300 | 5077 | 4940 | 3100 |
| 混凝土 | 44 | 18 | 0.20 | 2.4 | 4500 | 4368 | 4280 | 2756 |
| 石灰石 | 72 | 0.31 | 0.31 | 2.7 | 6130 | 5452 | 5452 | 5200 |
| 淡水（20℃） | | | | 0.998 | 1481 | | | |
| 空气（20℃） | | | | 0.0012 | 343 | | | |

被测物梵天寺经幢的材质为灰岩，依照上表可知完整的石灰石的声速：$V_p$=6130米每秒，但考虑经幢经历千年，由于自然风化及人为损坏，表层剥蚀严重，且经幢整体裂隙发育，对石灰石的声速应会有大的影响。

3. 各测点的具体数据及分析

（1）南侧经幢

① A 测点

此测点为经幢底部。共布置了四个测线，都为表面波测线。下面选取其中三条测线，如下图（图 4–2–6 ~ 图 4–2–8）所示，据图象计算所得数据如表 4–6 所示。

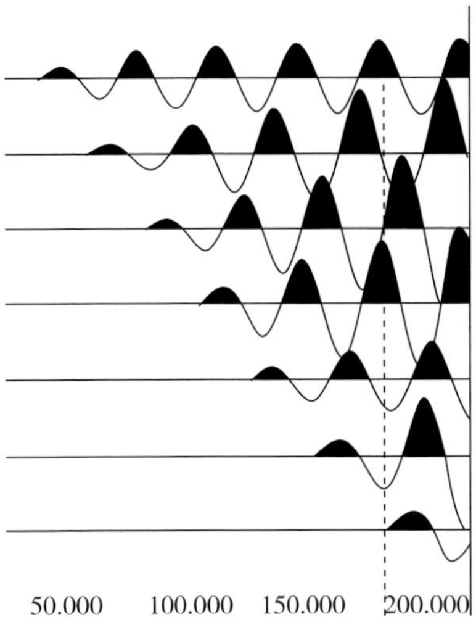


图 4–2–6 AA1 测点波形图

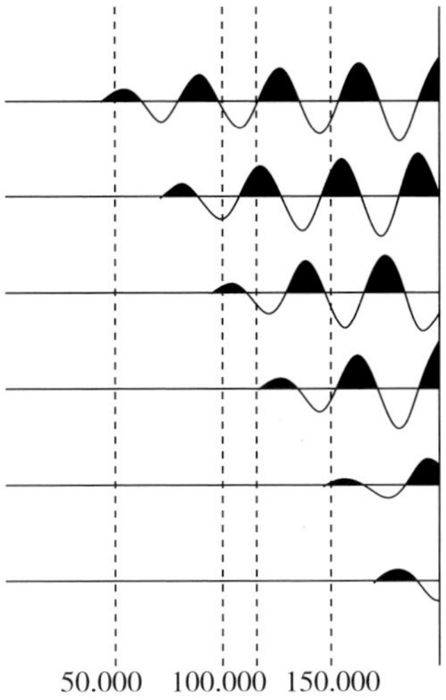


图 4–2–7 AA2 测点波形图

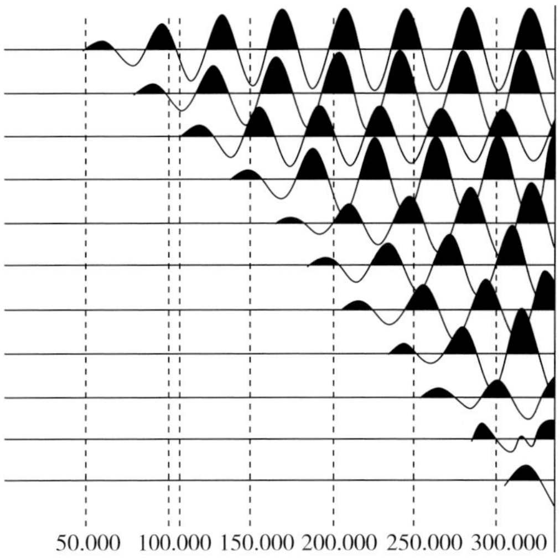


图 4–2–8 AA3 测点波形图

表 4–6 A 位置测点数据表

| 检测位置 | A | | |
|---|---|---|---|
| 方法 | 表面波法 | | |
| 图形编号 | AA1 | | |
| 道号 | 时间 (us) | 距离 (cm) | 速度 (m/s) |
| 1 | 34.00 | 36 | 2242.99 |
| 2 | 54.50 | 30 | 2142.86 |
| 3 | 81.00 | 24 | 2114.54 |
| 4 | 107.00 | 18 | 2057.14 |
| 5 | 136.50 | 12 | 2068.97 |
| 6 | 164.50 | 6 | 2000.00 |
| 7 | 194.50 | | |
| 平均值 | 2104.42 | | |
| 方法 | 表面波法 | | |
| 图形编号 | AA2 | | |
| 道号 | 时间 (us) | 距离 (cm) | 速度 (m/s) |
| 1 | 42.50 | 30 | 2352.94 |
| 2 | 69.50 | 24 | 2388.06 |
| 3 | 94.00 | 18 | 2368.42 |
| 4 | 115.50 | 12 | 2201.83 |

| | | | |
|---|---|---|---|
| 5 | 147.00 | 6 | 2608.70 |
| 6 | 170.50 | | |
| 平均值 | 2383.99 | | |
| 检测位置 | A | | |
| 方法 | 表面波法 | | |
| 图形编号 | AA3 | | |
| 道号 | 时间 (us) | 距离 (cm) | 速度 (m/s) |
| 1 | 46.50 | 60 | 2330.10 |
| 2 | 77.00 | 54 | 2378.85 |
| 3 | 105.50 | 48 | 2418.14 |
| 4 | 136.00 | 42 | 2500.00 |
| 5 | 164.00 | 36 | 2571.43 |
| 6 | 184.00 | 30 | 2500.00 |
| 7 | 204.00 | 24 | 2400.00 |
| 8 | 233.50 | 18 | 2553.19 |
| 9 | 253.50 | 12 | 2376.24 |
| 10 | 283.00 | 6 | 2857.14 |
| 11 | 304.50 | | |
| 平均值 | 2488.51 | | |

② B 测点

此测点为经幢底部。共布置了四条测线，都为表面波测线。下面选取其中一条测线，如图 4-2-9 所示，据图象计算所得数据如表 4-7 所示。

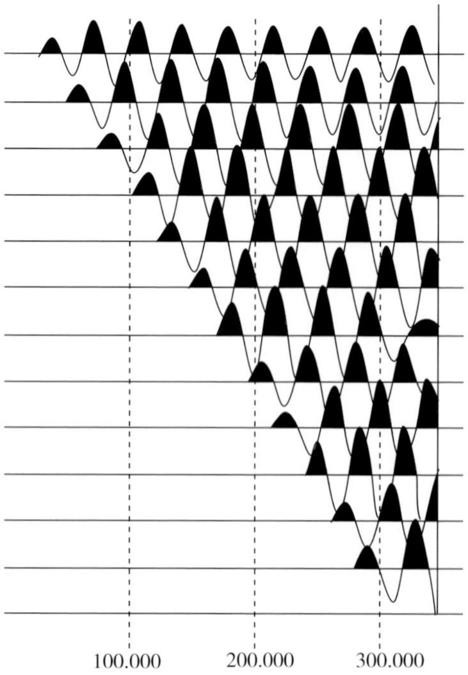


图 4-2-9 BB1 测点波形图

表 4-7 B 位置测点数据表

| 检测位置 | B | | |
|---|---|---|---|
| 方法 | 表面波法 | | |
| 图形编号 | BB1 | | |
| 道号 | 时间 (us) | 距离 (cm) | 速度 (m/s) |
| 1 | 27.50 | 66 | 2624.25 |
| 2 | 48.50 | 60 | 2603.04 |
| 3 | 73.00 | 54 | 2621.36 |
| 4 | 102.50 | 48 | 2719.55 |
| 5 | 121.50 | 42 | 2666.67 |
| 6 | 147.00 | 36 | 2727.27 |
| 7 | 171.00 | 30 | 2777.78 |
| 8 | 195.00 | 24 | 2857.14 |
| 9 | 214.00 | 18 | 2769.23 |
| 10 | 240.50 | 12 | 3116.88 |
| 11 | 262.50 | 6 | 3636.36 |
| 12 | 279.00 | | |
| 平均值 | 2829.05 | | |

③ C 测区

此测区采用透射波法和表面波法，共布置三条测线。下面选取其中一条测线，如图 4-2-10、图 4-2-11 所示，据图象计算所得数据如表 4-8 所示。

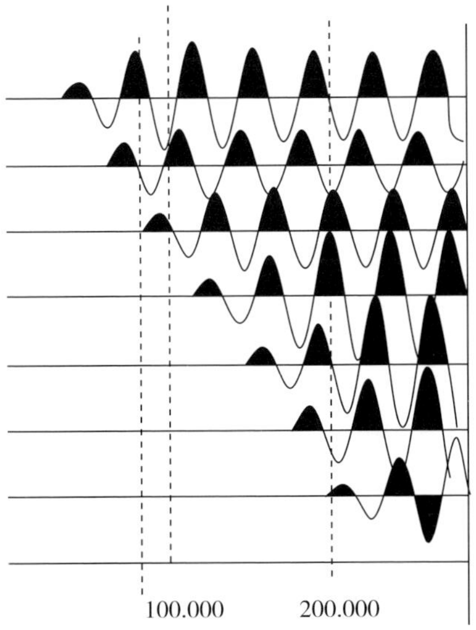


图 4-2-10 CC1 测点波形图

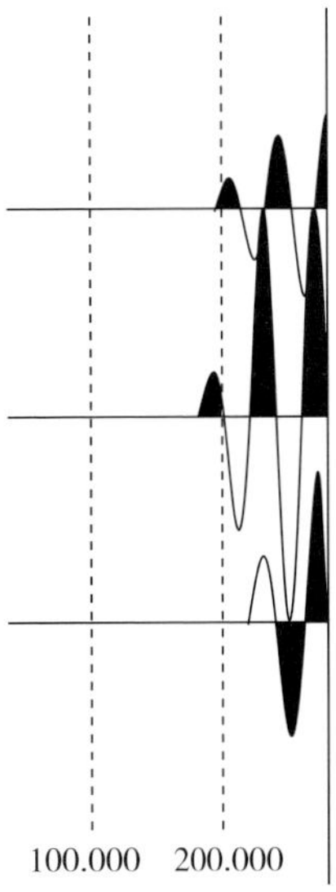


图 4-2-11 CCC1 测点波形图

表 4-8 C 位置测点数据表

| 检测位置 | C | | | |
|---|---|---|---|---|
| 方法 | 表面波法 | | | |
| 图形编号 | CC1 | | | |
| 道号 | 时间 (us) | 距离 (cm) | 速度 (m/s) | |
| 1 | 33.50 | 36 | 2188.45 | |
| 2 | 60.00 | 30 | 2173.91 | |
| 3 | 83.00 | 24 | 2086.96 | |
| 4 | 115.50 | 18 | 2181.82 | |
| 5 | 148.00 | 12 | 2400.00 | |
| 6 | 177.50 | 6 | 2926.83 | |
| 7 | 198.00 | | | |
| 平均值 (m/s) | 2326.33 | | | |
| 检测位置 | C | | | |
| 方法 | 透射波法 | | | |
| 图形编号 | CCC1 | | | |
| 道号 | 时间 (us) | 距离 (cm) | 延时 (us) | 速度 (m/s) |
| 1 | 196.50 | 100 | 20 | 5665.72 |
| 2 | 200.50 | 100 | 20 | 5555.56 |
| 3 | 219.00 | 100 | 20 | 5025.13 |
| 平均值 | 5415.20 | | | |

④ E 测区

此测区采用透射波法，共布置三条测线。下面选取其中一条透射波测线，如图 4-2-12 所示，据图象计算所得数据如表 4-9 所示。

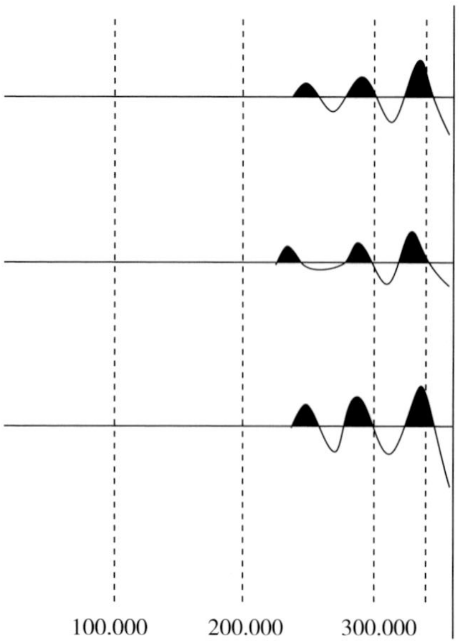


图 4-2-12 EEC2 测点波形图

表 4-9 E 位置测点数据表

| 检测位置 | E | | | |
|---|---|---|---|---|
| 方法 | 透射波法 | | | |
| 图形编号 | EEC2 | | | |
| 道号 | 时间 (us) | 距离 (cm) | 延时 (us) | 速度 (m/s) |
| 1 | 226.50 | 83 | 20 | 4019.37 |
| 2 | 214.00 | 83 | 20 | 4278.35 |
| 3 | 215.50 | 83 | 20 | 4245.52 |
| 平均值 (m/s) | 4181.08 | | | |

⑤ G 测区

此测区采用透射波法，共布置三条测线。下面选取其中一条透射波测线，如图 4-2-13 所示，据图象计算所得数据如表 4-10 所示。

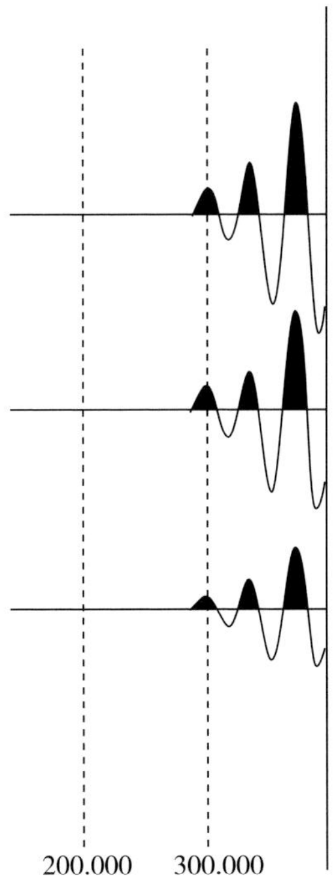

图 4-2-13 GGC2 测点波形图

表 4-10 G 位置测点数据表

| 检测位置 | G | | | |
|---|---|---|---|---|
| 方法 | 透射波法 | | | |
| 图形编号 | GGC2 | | | |
| 道号 | 时间 (us) | 距离 (cm) | 延时 (us) | 速度 (m/s) |
| 1 | 278.00 | 60 | 20 | 2325.58 |
| 2 | 278.00 | 60 | 20 | 2325.58 |
| 3 | 275.00 | 60 | 20 | 2352.94 |
| 平均值 (m/s) | 2334.70 | | | |

从以上所测数据结果分析，表面波法所测南侧经幢底部的声速值大约在 2104.42 ~ 2829.05 之间，与北侧经幢所测的速度相符，说明数据能准确表示经幢的声速物理特性，与石灰石的声速：=6130m/s 相差很大，可以判断南侧经幢表面岩石风化与北侧相当，且大部分的岩石表层可见明显风化迹象，并有明显节理裂隙发育。但从 C、E、H 两层的透射波法所得声速值大约相差较大，分别为 5852.70、4181.08、2334.70。可以判断，南侧经幢下部（E 侧以下）岩体内部无明显风化痕迹，完整性较好，但上部（E 层以上）岩体内部由于节理裂隙发育，且因体积较小，多数岩体已经可见大小、均匀不一的裂隙，表层岩体风化剥蚀严重，可以判断其内外岩石整体性较差。

根据所测数据，从公式 2–2 和表 4–10 中得出表 4–11：（声速值设定 6000）

表 4–11 南幢风化程度表

| 地点 | 位置 | $V_{p风}$（表面波法） | $K_f$ | 表层风化程度 | $V_{p风}$（透射波法） | $K_f$ | 整体风化程度 |
|---|---|---|---|---|---|---|---|
| 南侧经幢 | A | 2488.02 | 0.40 | Ⅲ | | | |
| | B | 2829.05 | 0.48 | Ⅲ | | | |
| | C | 2326.33 | 0.39 | Ⅲ | 5415.09 | 0.88 | Ⅰ |
| | D | | | | 4181.08 | 0.70 | Ⅱ |
| | E | 2087.00 | 0.35 | | 2334.70 | 0.39 | Ⅲ |
| | F | | | | | | |
| | G | | | | | | |

Ⅲ、Ⅱ、Ⅰ为通过现场场地分析和北侧经幢所测结果分析及后期数据研究所推测的结果。

（2）北侧经幢

① A 测点

此测点为经幢底部。共布置了三个测线，都为表面波测线。所测图象如下图所示（图 4–2–14、图 4–2–15），据图象计算所得数据如下表 4–12 所示。

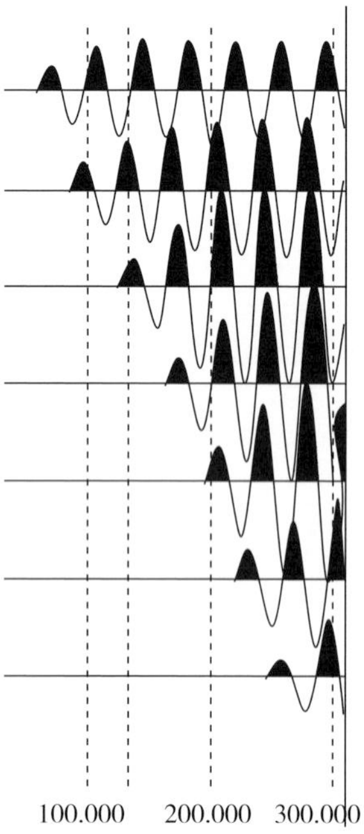

图 4–2–14 A1 测点波形图

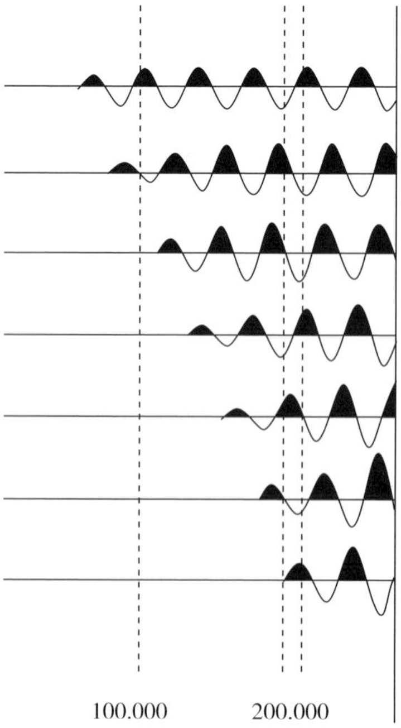

图 4–2–15 A2 测点波形图

表 4-12 A1、A2 测点数据表

| 检测位置 | A | | |
|---|---|---|---|
| 方法 | 表面波法 | | |
| 图形编号 | A1 | | |
| 道号 | 时间 (us) | 距离 (cm) | 速度 (m/s) |
| 1 | 60.00 | 48 | 2594.59 |
| 2 | 89.00 | 40 | 2564.10 |
| 3 | 128.00 | 32 | 2735.04 |
| 4 | 165.00 | 24 | 3000.00 |
| 5 | 195.00 | 16 | 3200.00 |
| 6 | 221.00 | 8 | 3333.33 |
| 7 | 245.00 | | |
| 平均值 | 2904.51 | | |
| 图形编号 | A2 | | |
| 道号 | 时间 (us) | 距离 (cm) | 速度 (m/s) |
| 1 | 59.00 | 36 | 2535.21 |
| 2 | 82.00 | 30 | 2521.01 |
| 3 | 113.00 | 24 | 2727.27 |
| 4 | 135.00 | 18 | 2727.27 |
| 5 | 160.00 | 12 | 2926.83 |
| 6 | 184.00 | 6 | 3529.41 |
| 7 | 201.00 | | |
| 平均值 | 2827.83 | | |

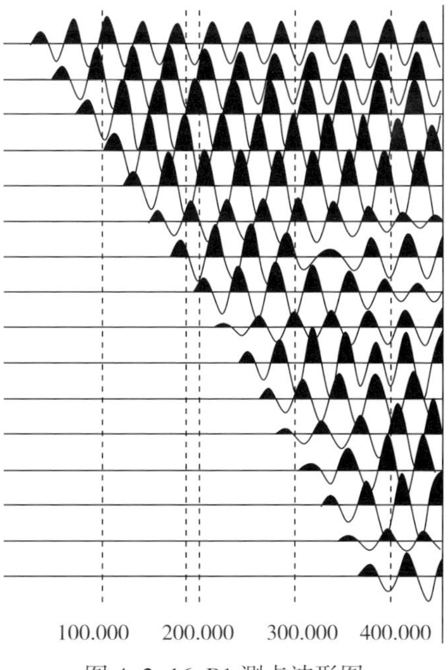

图 4-2-16 B1 测点波形图

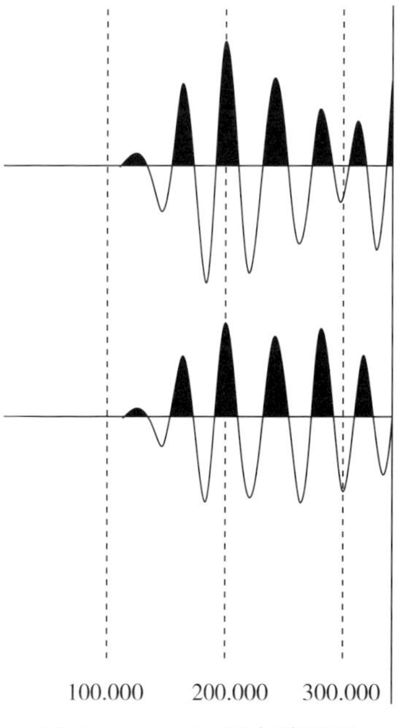

图 4-2-17 BC1 测点波形图

② B 测点

此测区采用透射波法和表面波法，共布置两条测线。所测图象如图 4-2-16、图 4-2-17 所示，据图象计算所得数据如表 4-13 所示。

表 4-13 B1、BC1 测点数据表

| 检测位置 | B | | |
|---|---|---|---|
| 方法 | 表面波法 | | |
| 图形编号 | B1 | | |
| 道号 | 时间 (us) | 距离 (cm) | 速度 (m/s) |
| 1 | 26.50 | 90 | 2643.17 |
| 2 | 49.50 | 84 | 2645.67 |
| 3 | 75.00 | 78 | 2671.23 |
| 4 | 102.50 | 72 | 2722.12 |
| 5 | 122.50 | 66 | 2699.39 |
| 6 | 149.00 | 60 | 2752.29 |
| 7 | 170.50 | 54 | 2748.09 |
| 8 | 194.50 | 48 | 2782.61 |
| 9 | 214.00 | 42 | 2745.10 |
| 10 | 242.50 | 36 | 2891.57 |
| 11 | 263.50 | 30 | 2898.55 |
| 12 | 279.00 | 24 | 2727.27 |
| 13 | 306.50 | 18 | 2975.21 |
| 14 | 327.50 | 12 | 3037.97 |
| 15 | 344.00 | 6 | 2608.70 |
| 16 | 367.00 | | |
| 平均值 | 2769.93 | | |
| 检测位置 | B | | |
| 方法 | 透射波法 ( 侧面 ) | | |
| 图形编号 | BC1. | | |
| 道号 | 时间 (us) | 距离 (cm) | 延时 (us) |
| 1 | 109.00 | 48 | 20 |
| 2 | 110.00 | 48 | 20 |
| 平均值 | 5363.30 | | |

③ C 测区

此测区采用透射波法和表面波法，共布置两条测线。所测图象如图 4-2-18、图 4-2-19 所示，据图象计算所得数据如表 4-14 所示。

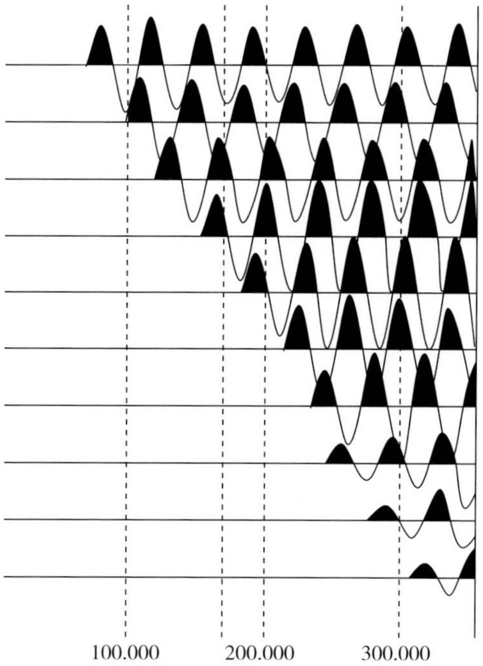


图 4-2-18 C1 测点波形图

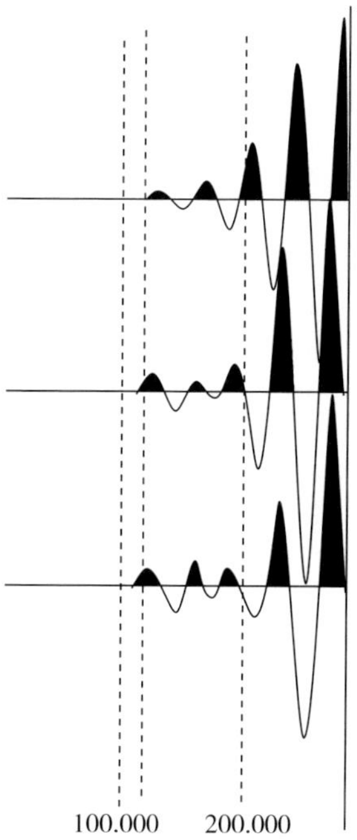


图 4-2-19 CC1 测点波形图

表 4-14 C1、CC1 测点数据表

| 检测位置 | C | | |
|---|---|---|---|
| 方法 | 表面波法 | | |
| 图形编号 | C1 | | |
| 道号 | 时间 (us) | 距离 (cm) | 速度 (m/s) |
| 1 | 69.00 | 54 | 2278.48 |
| 2 | 99.50 | 48 | 2324.46 |
| 3 | 121.50 | 42 | 2276.42 |
| 4 | 152.00 | 36 | 2337.66 |
| 5 | 184.50 | 30 | 2469.14 |
| 6 | 214.00 | 24 | 2608.70 |
| 7 | 233.50 | 18 | 2482.76 |
| 8 | 249.50 | 12 | 2123.89 |
| 9 | 278.00 | 6 | 2142.86 |
| 10 | 306.50 | | |
| 平均值 | 2338.26 | | |

| 检测位置 | C | | | |
|---|---|---|---|---|
| 方法 | 透射波法(侧面) | | | |
| 图形编号 | CC1 | | | |
| 道号 | 时间 (us) | 距离 (cm) | 延时 (us) | 速度 (m/s) |
| 1 | 110.00 | 48 | 20 | 5333.333 |
| 2 | 111.00 | 48 | 20 | 5274.725 |
| 3 | 109.00 | 48 | 20 | 5393.258 |
| 平均值 | 5333.77 | | | |

④ E 测区

此测区采用表面波法，共布置了两条测线。所测图象如图 4-2-20、图 4-2-21 所示，据图象计算所得数据如表 4-15 所示：

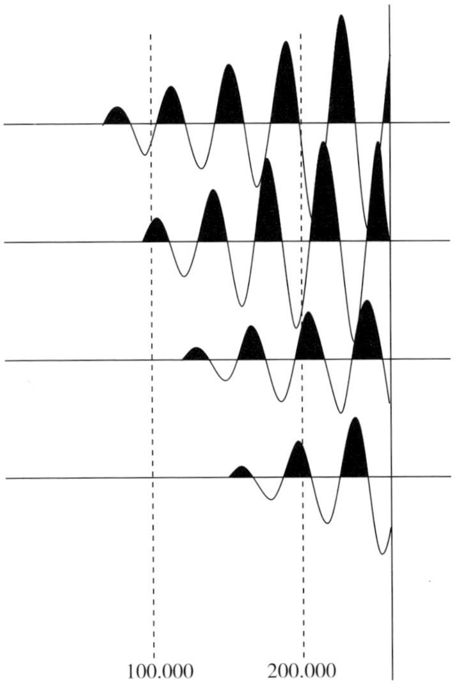


图 4-2-20 E1 测点波形图

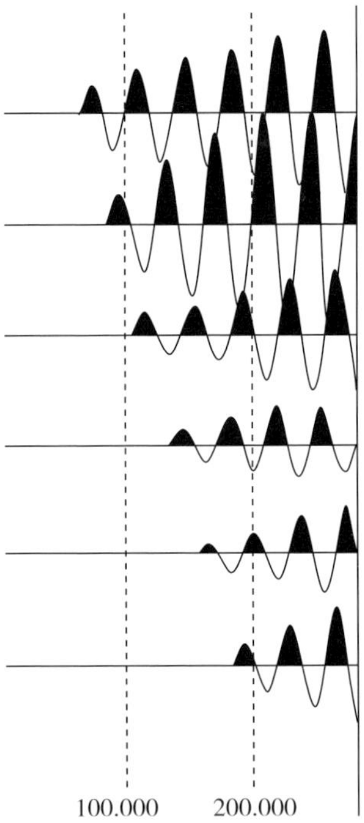


图 4-2-21 E2 测点波形图

表 4-15 E1、E2 测点数据表

| 检测位置 | E | | |
|---|---|---|---|
| 方法 | 表面波法 | | |
| 图形编号 | E1 | | |
| 道号 | 时间 (us) | 距离 (cm) | 速度 (m/s) |
| 1 | 66.00 | 18 | 2142.86 |
| 2 | 92.50 | 12 | 2086.96 |

| | | | |
|---|---|---|---|
| 3 | 120.50 | 6 | 2033.90 |
| 4 | 150.00 | | |
| 平均值 | 2087.90 | | |
| 检测位置 | E | | |
| 方法 | 表面波法 | | |
| 图形编号 | E2 | | |
| 道号 | 时间 (us) | 距离 (cm) | 速度 (m/s) |
| 1 | 63.00 | 30 | 2459.02 |
| 2 | 85.00 | 24 | 2400.00 |
| 3 | 106.00 | 18 | 2278.48 |
| 4 | 134.00 | 12 | 2352.94 |
| 5 | 157.00 | 6 | 2142.86 |
| 6 | 185.00 | | |
| 平均值 | 2326.66 | | |

从以上所测数据结果分析，表面波法所测北侧经幢的声速值大约在 2200 ~ 3000 之间，与石灰石的声速 $V_P$ =6130 m/s 相差很大，可以判定北侧经幢表面岩石风化，且大部分的岩石表层可见明显风化迹象，并有明显裂隙发育。但从 B、C 两层的透射波法所得声速值大约都在 5300 以上，可以判断，北侧经幢下部岩体内部无明显风化痕迹，完整性较好。

根据《岩土工程勘察规范》GB50021 — 2001 附录 A，岩土分类和鉴定标准中岩石风化程度分类可把岩石分为以下四类：未风化、微风化、中等风化和强风化。

表 4–16 岩石按风化程度分类

| 风化等级 | 风化程序 | 岩体状态描述 | 风化程度参数指标 | |
|---|---|---|---|---|
| | | | 波速比 $Kv$ | 风化系数 $K_f$ |
| 0 | 未风化（新鲜） | 岩质新鲜，偶见风化痕迹 | 0.9 ~ 1.0 | 0.9 ~ 1.0 |
| Ⅰ | 微风化 | 组织结构基本未变，仅节理面有渲染或略有变色，有少量风化裂隙 | 0.8 ~ 0.9 | 0.8 ~ 0.9 |
| Ⅱ | 中等风化 | 岩体结构部分被破坏，沿节理面有次生矿物，风化裂隙发育，岩体被切割成岩块。用镐难挖，岩芯钻方可钻进 | 0.6 ~ 0.8 | 0.4 ~ 0.8 |
| Ⅲ | 强风化 | 结构大部分破坏，矿物成分显著变化，风化裂隙很发育，岩体破碎，用镐可挖，干钻不易钻进 | 0.4 ~ 0.6 | <0.4 |

注：①波速比 可由下列公式得出：

$$Kv = \frac{V_{P风}}{V_{P新}} \qquad （公式 2 — 2）$$

式中：VP 新表示新鲜岩体的纵波速度，VP 风表示风化岩体的纵波速度。

②风化系数 Kf 为风化岩石与新鲜岩石饱和单轴抗压强度之比。

如表 4–16 可知，用岩石的波速比值可以近似地反映岩石的风化系数。根据所测数据，从公式中得出表 4–17（$V_{P新}$值设定 6000）。

表 4–17　北幢风化程度表

| 地点 | 位置 | $V_{P风}$（表面波法） | $K_f$ | 表层风化程度 | $V_{P风}$（透射波法） | $K_f$ | 整体风化程度 |
|---|---|---|---|---|---|---|---|
| 北侧经幢 | A | 2900.00 | 0.47 | Ⅲ | 5363.30 | 0.87 | Ⅰ |
| | B | 2769.00 | 0.55 | Ⅲ | | | |
| | C | 2338.00 | 0.38 | Ⅲ | 5333.77 | 0.87 | Ⅰ |
| | D | | | | | | |
| | E | 2087.00 | 0.34 | Ⅲ | | | |
| | F | | | | | | |
| | G | | | | | | |

整体风化程度为通过现场场地分析和北侧经幢所测结果数据综合分析及后期数据研究所推测的结果。

**（四）超声波检测结论**

通过对梵天寺经幢多部位超声波勘察的结果分析，得出以下结论：

1. 经幢底部（D 层以下）内部基本无明显空洞，内部主体为实心岩石结构。经幢主体较为完整，A、B、C 层的风化程度为Ⅰ级，D 层的风化程度为Ⅱ级。

2. 经幢上部（E 层以上）由于经幢主体以灰岩为主，而杭州地区降水以酸性为主，所以经幢上部岩体风化严重，有明显裂隙发育，并可看到大的裂隙贯穿，上部岩石完整体较差，E、F、G 层的风化程度为Ⅲ级。

## 二、稳定性分析

梵天寺经幢在上千年自然营力的作用下，已经出现了大面积的构件破坏和缺损，造成重心偏移，严重影响了经幢的整体稳定。从前几章节分析，已知经幢所用岩体节理面比较发育，结构面及其充填物的变形是岩体变形、开裂的主要原因。出于对国保单位的保护，无法在本体上取样获得节理参数，而且也没有岩体来源的相关历史记载，因此只能进行定性的稳定性分析。

根据《建筑抗震设计规范》GB50011–2001 杭州地区的抗震烈度为 6 度，考虑到文物的重要性，可提高一度设防。

由于经幢是不规则体，无法用传统力学分析方法进行分析，我们对其采用了数值分析方法。

**（一）建模**

为了更好地进行对比，建立经幢完整状况下的模型（图 4–2–22），图 4–2–23 为南幢现状图（共有七层发生了大面积的缺损），图 4–2–24 为北幢现状图（共有三层发生了大面积的缺损）。在分析中为了描述方便，将整个经幢分为三十四层，从下到上排序。

**（二）参数的选取**

此次分析仅仅是做定性分析，故采用弹性模型。参数选取是根据野外的现场勘察病害采集的数据，并结合室内的一些岩石实验分析数据。具体参数如下：

图 4-2-22 建立经幢完整模型

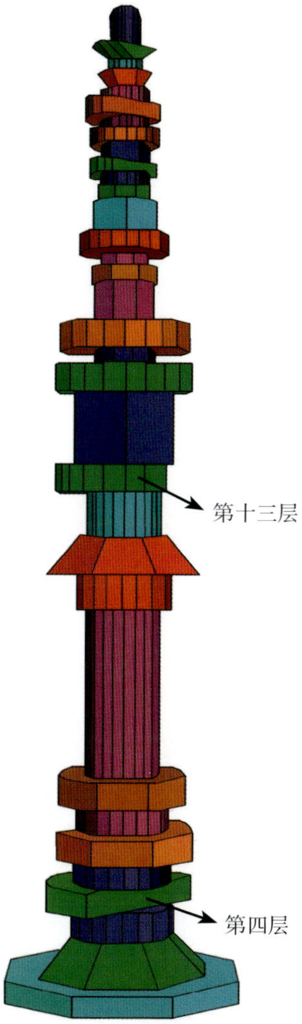


图 4-2-23 南幢现状

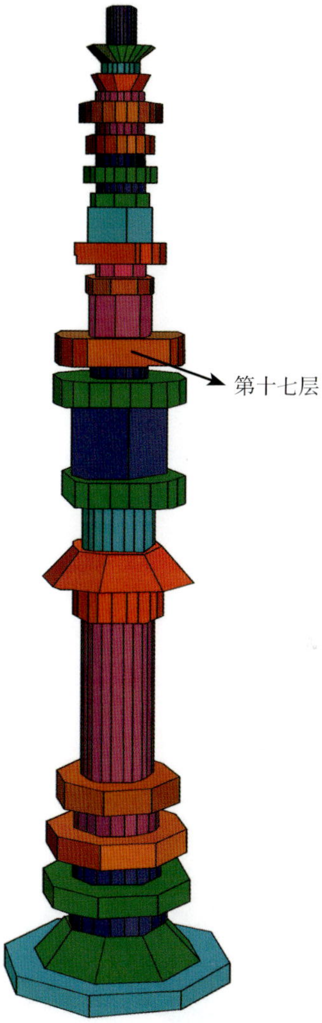


图 4-2-24 北幢现状

密度：2.7g/cm$^3$

弹性模量：0.7 × 105MPa

泊松比：0.25

**（三）计算分析**

图 4-2-25 是第四层垂直方向 1.43 米处完整情况下的竖向应力分布图，图 4-2-26 是南幢破损情况下的竖向应力分布图（压应力为负，拉应力为正，图中标尺单位为米，应力单位为帕）。对比图 4-2-25 与图 4-2-26 可知，目前状况下，竖向应力最大值增大将近两倍，同时，应力中心偏移。图 4-2-27 为完整情况下的最大主应力分布图，图 4-2-29 为最小主应力分布图，图 4-2-31 为水平应力分布图。图 4-2-28 为南幢现状情况下最大主应力分布图，图 4-2-30 为最小主应力分布图，图 4-2-32 为水平应力分布图。由于经幢只是受竖向重力作用，因此，最大主应力分布与竖向应力大小、分布相近。

从图中可以看出，即使在完整状况下，第四层经幢周围由于没有下部支撑，也出现了拉应力区，而结构面的抗拉强度非常小；同时，由于岩块的卸荷作用，会沿着岩体的软弱面（层理面）发生破坏。在目前的破损状况下（图 4–2–26），主压应力向中心部位集中，拉应力区域增大，由于经幢节理发育密集，会在周边继续产生破损。

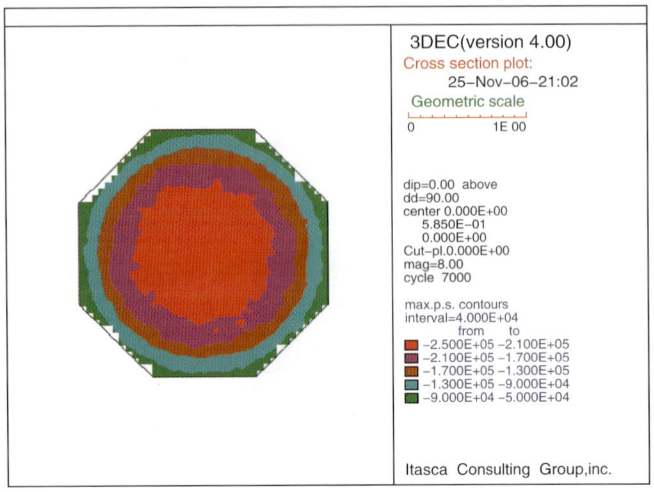


图 4–2–25

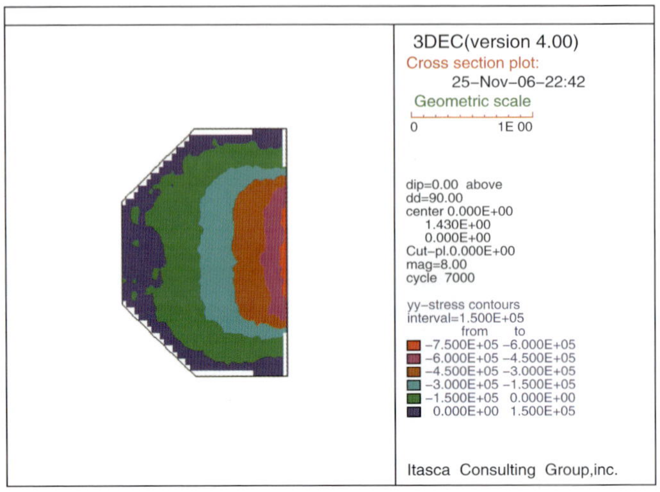


图 4–2–26

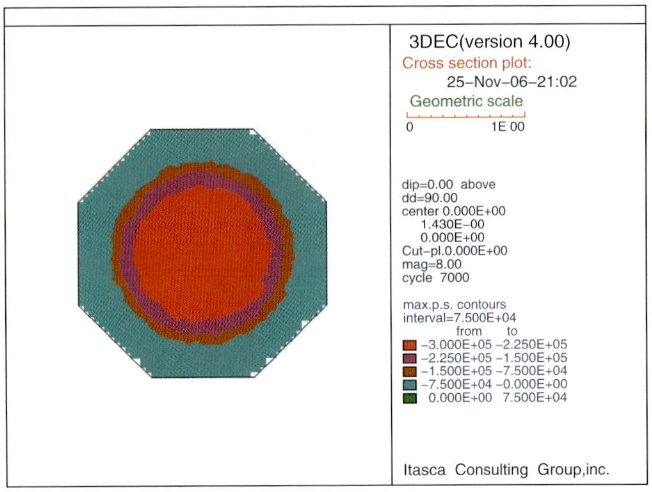


图 4–2–27

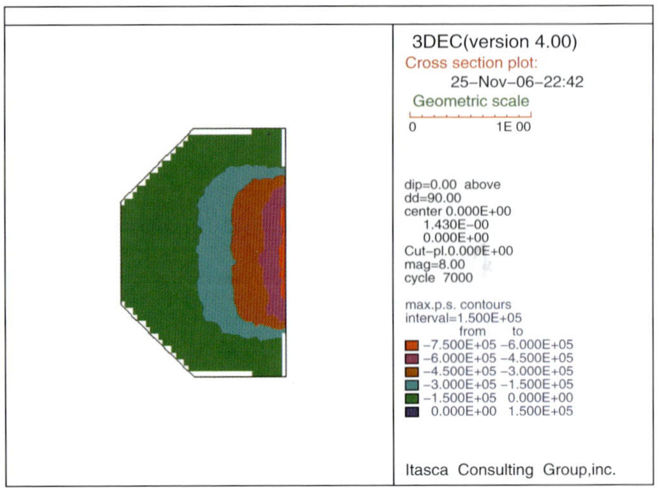


图 4–2–28

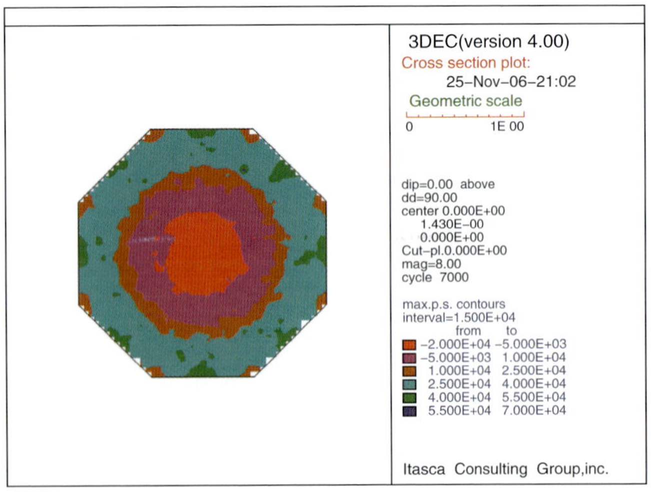


图 4–2–29

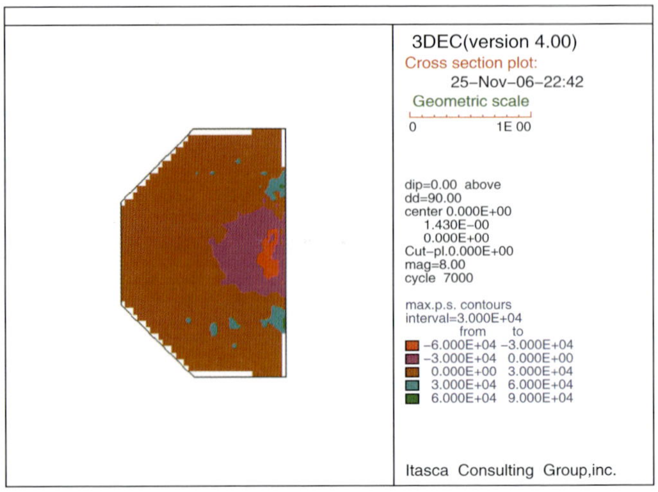


图 4–2–30

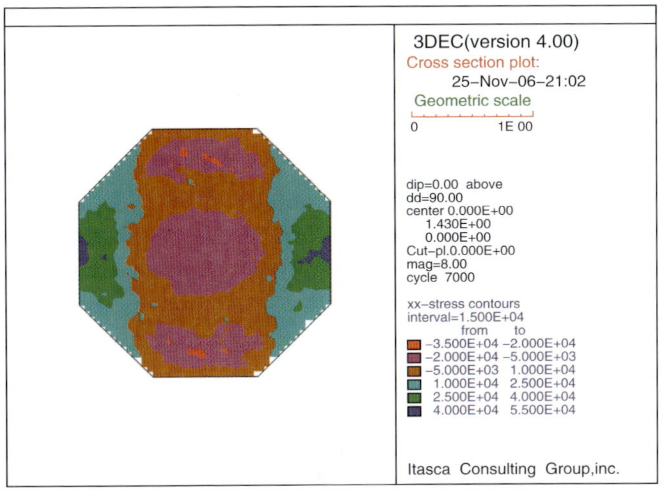


图 4–2–31

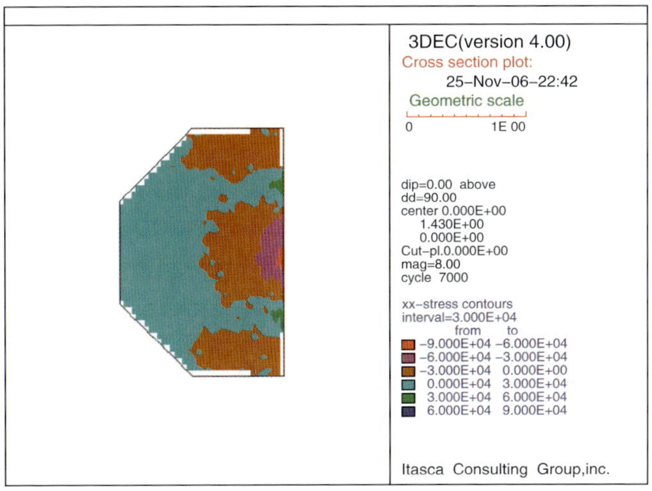


图 4–2–32

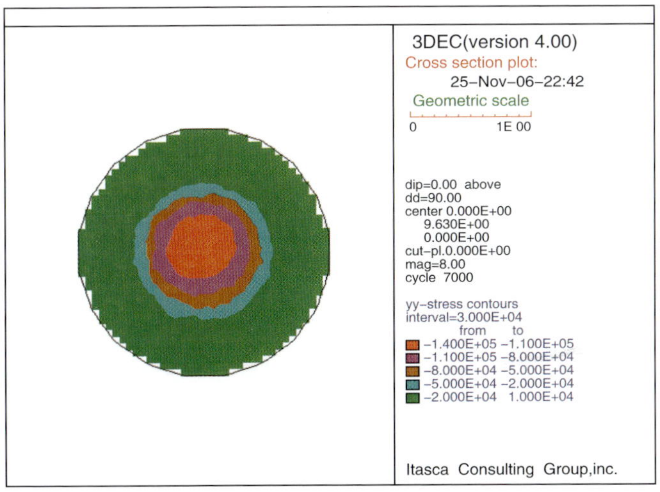


图 4–2–33

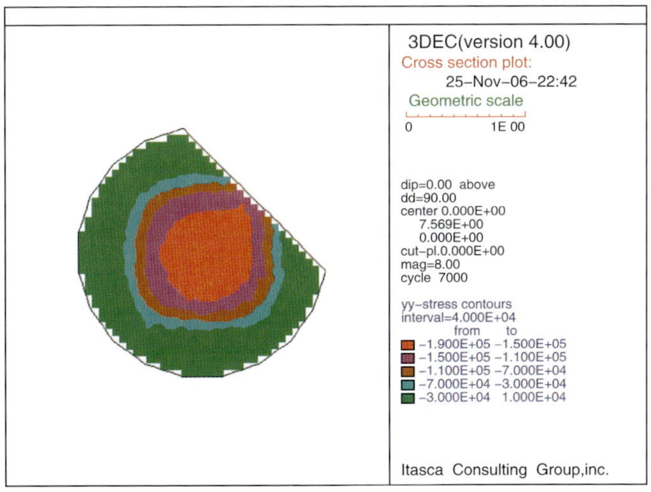


图 4–2–34

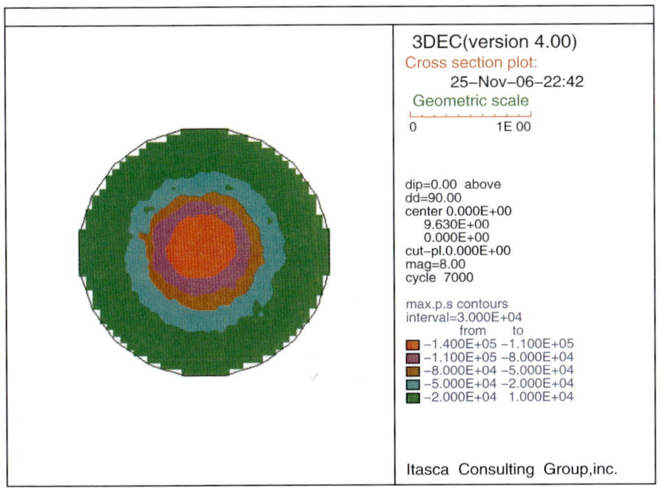


图 4–2–35

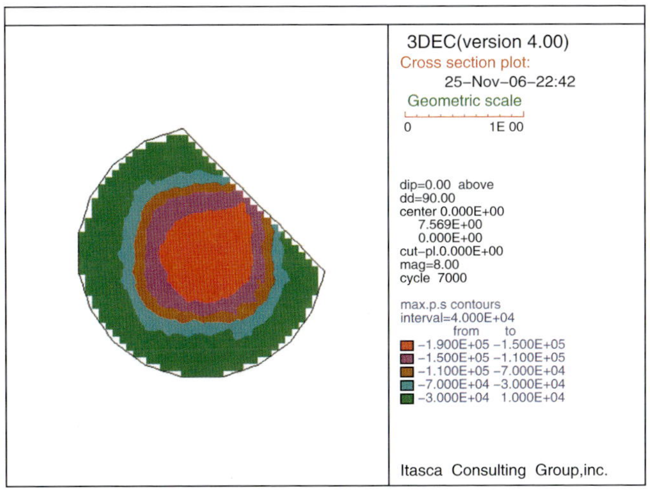


图 4–2–36

图 4–2–33 ~ 图 4–2–40 分别是完整和破损（南幢）情况下，第十三层（7.569 米处）竖向、最大主应力、最小主应力和水平向应力分布图。从图中可以看出，由于此层缺损较小，因此，应力的大小和分布变化比较小。

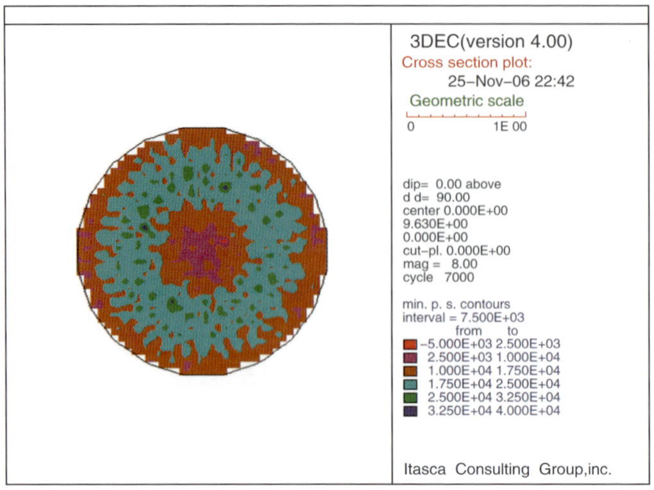


图 4-2-37

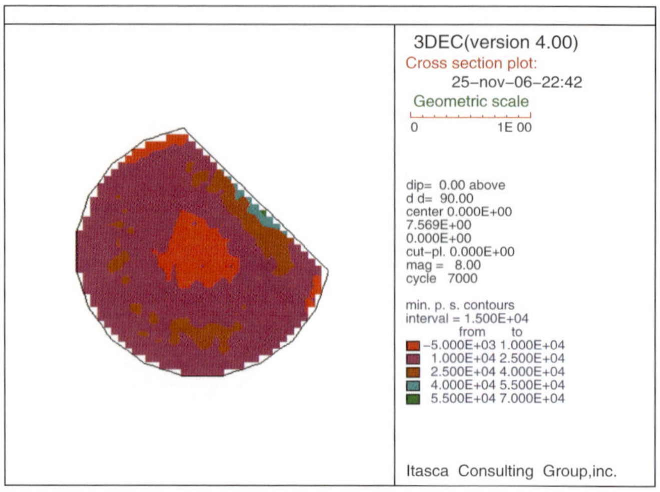


图 4-2-38

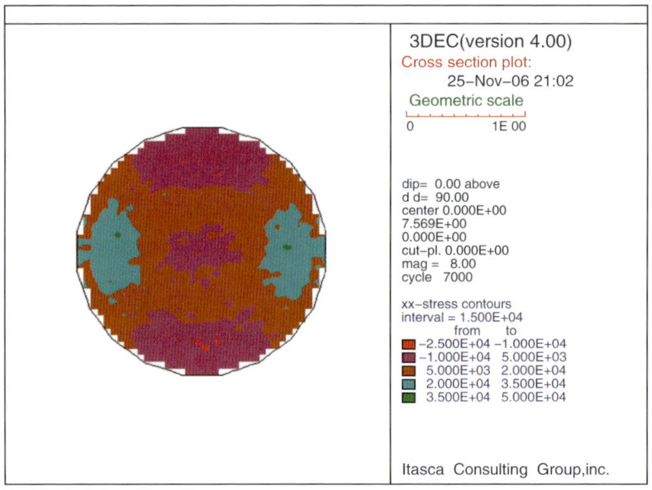


图 4-2-39

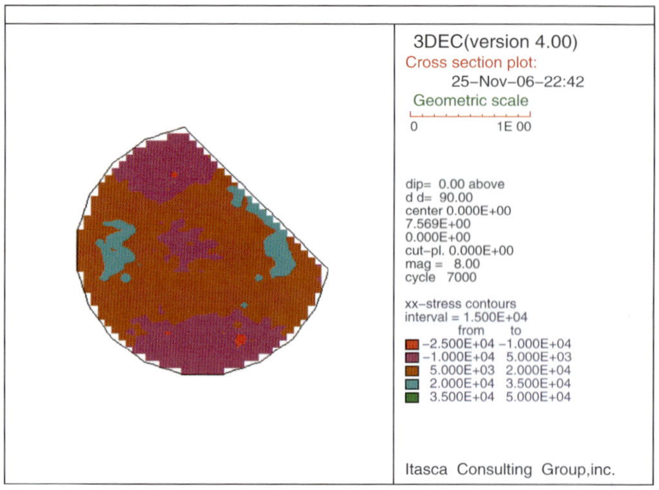


图 4-2-40

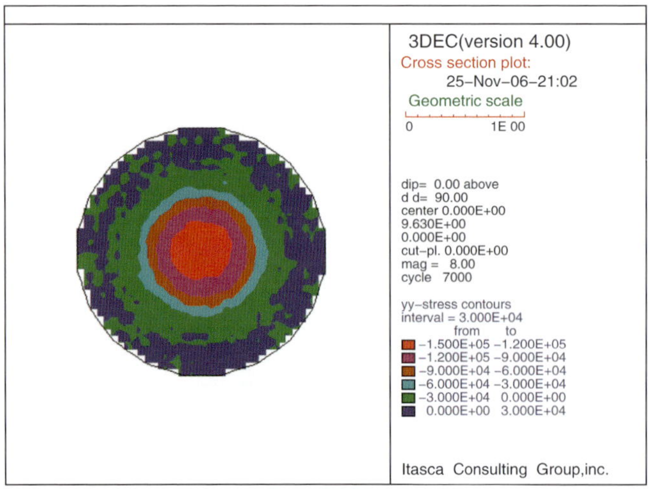


图 4-2-41

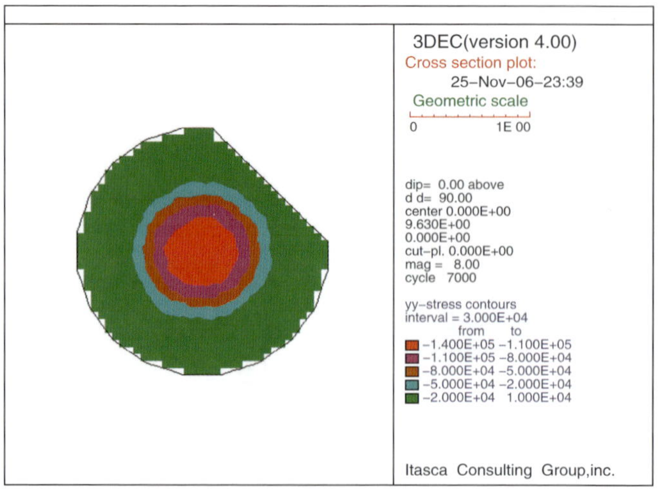


图 4-2-42

图 4-2-41 ~图 4-2-48 分别是完整和破损（北幢）情况下，第 17 层（9.63 米处）竖向、最大主应力、最小主应力和水平向应力分布图。从图中可以看出，北幢 17 层的应力分布没有太大影响。

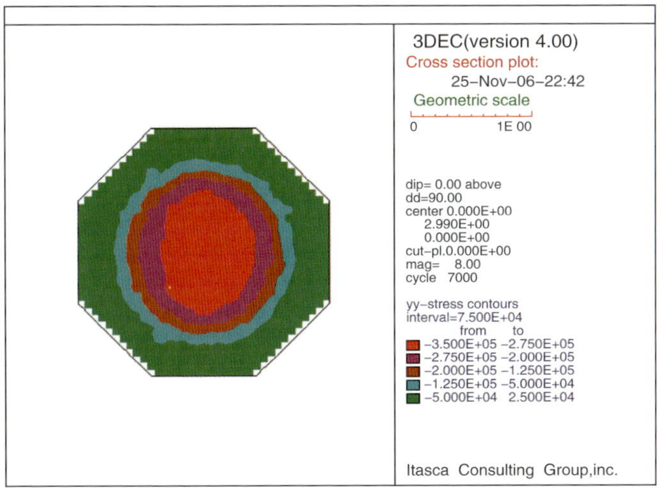


图 4-2-43

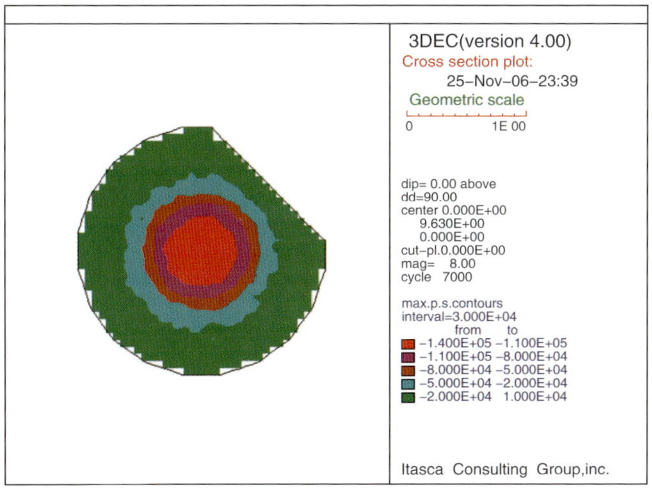


图 4-2-44

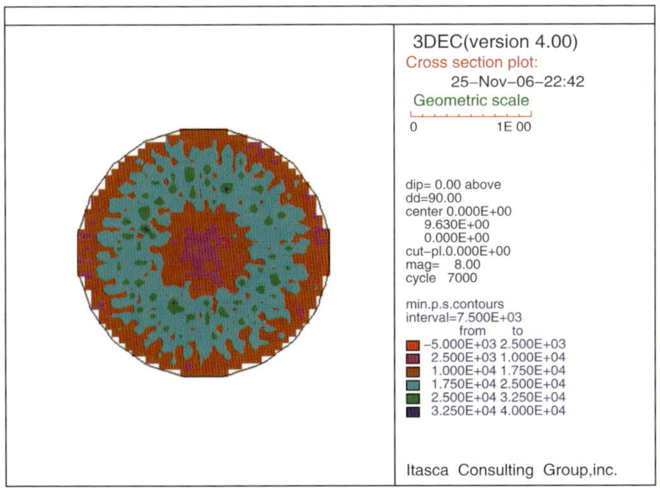


图 4-2-45

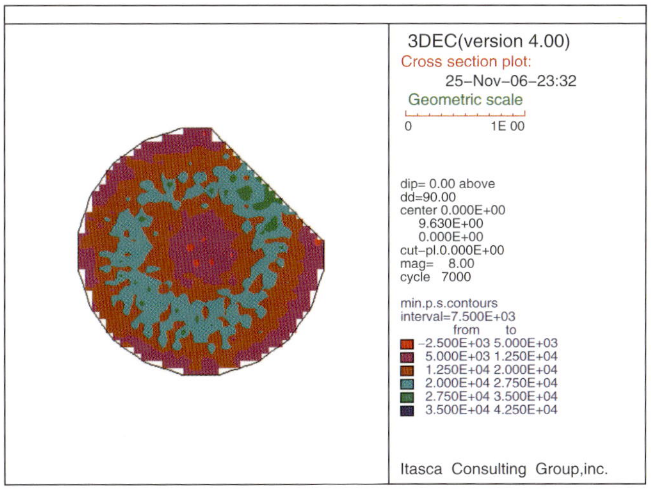


图 4-2-46

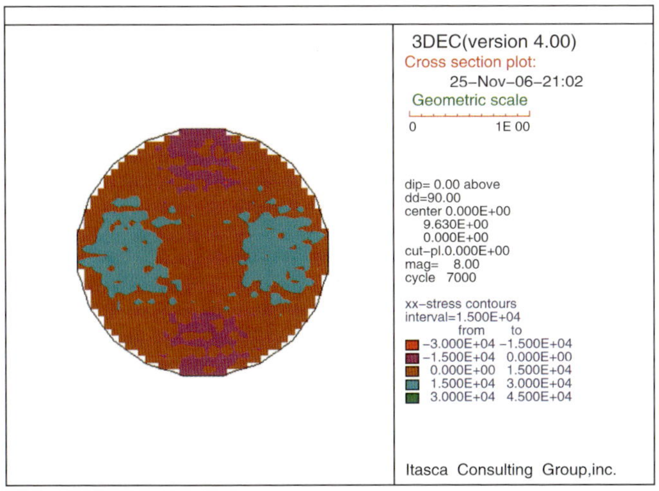


图 4-2-47

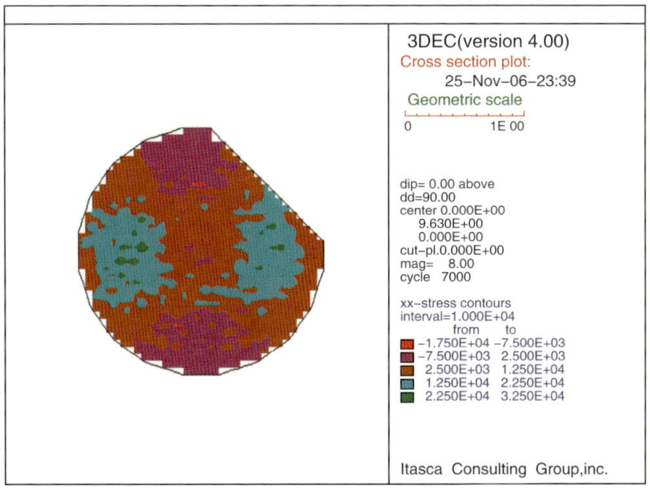


图 4-2-48

总体来说，由于目前岩块的缺损，引起竖向应力或大或小的偏移，而这种偏移会在竖向产生弯矩，从而在两层之间连接面的横截面上产生拉应力，无论横截面是榫卯连接，还是其他连接方式，都会是潜在的破坏面。如果竖向应力偏移到某一程度，就会引起连接面上的断裂，由于岩体是脆性材料，在破坏前不会有太大的变形，这种断裂将是毁灭性的。风是影响经幢稳定的重要因素之一，杭州地区又属于台风高发地区，所以应加强对经幢的监测工作。

（四）结论与建议

经幢岩块节理发育，在前期岩体切割加工的工程中，应力释放对于节理面的张开影响较大，造成了最初的岩块开裂和破损。后期，由于风化作用，节理面的力学参数（粘聚力、法向刚度、剪切刚度等）会变小，从而加速岩块的破损。

因此，现阶段的加固重点是尽量阻止风化作用，减慢破损速度，减缓竖向偏移。

## 三、岩石的劣化机理研究

### （一）任务要求及技术路线

1. 任务及要求

对梵天寺经幢进行石材表面劣化机理及工程性能评价研究，目的是为文物保护及后续保护方案的设计服务。项目要求对经幢材质进行实验及石质文物的表面劣化机理进行研究并对其工程性能和影响因素进行客观评价，为经幢保护工程提供科学依据。

2. 技术路线

根据项目的研究内容，所采取的技术路线如图 4-2-49 所示。

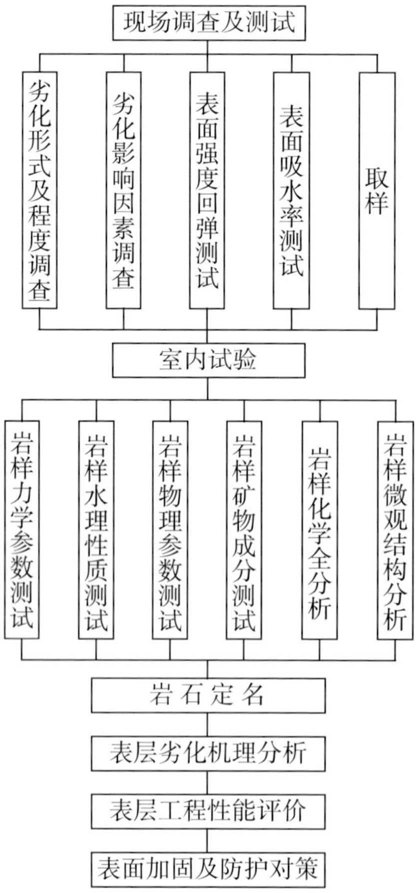


图 4-2-49　研究技术路线

### （二）石材的基本性质

1. 岩石定名

研究对象中岩石采样地点为经幢表面掉落块状岩石，鉴定报告结果为：微晶生屑灰岩。其镜下观察描述如下（表 4–18、表 4–19；图 4–2–50 ～图 4–2–57）。

表 4–18 1#岩样鉴定报告

| 样品编号 | 1# | 采样地点 | 经幢本体脱落岩石 | 岩石名称 | 微晶生屑灰岩 |
|---|---|---|---|---|---|
| 镜下观察描述：<br>生物碎屑结构，块状构造。<br>生物碎屑含量 75%，可辨认的生物碎屑以有孔虫、海百合为主，其次为介形虫、腕足类。<br>有孔虫：浑灰色，椭圆形或纺锤形，大部分保存较完整，直径 0.5 ～ 1.0 毫米，个别颗粒可达 3 毫米，内部生物结构较清晰。由微粒方解石组成，空腔内侧充填了无色透明的方解石。<br>海百合：次棱角状，少数为圆形，直径 0.5 ～ 2.0 毫米，所有海百合碎片由单晶方解石组成，有的有聚片双晶。<br>介形虫：大部分弧形单壳，少数为椭圆形双壳，直径 0.5 ～ 1.0 毫米。壳体无色透明，由纤维状方解石组成。<br>腕足类：大多形态不规则，少数呈弯弓状，长 1 ～ 2 毫米，碎屑内部由叶片状方解石组成。<br>填隙物含量 25%，由微晶方解石组成，呈浅灰色。不规则粒状，粒径 0.01 ～ 0.03 毫米，分布在生物碎屑之间。 | | | | | |

1 #岩样镜下观察照片：

图 4–2–50 偏光镜下观察 1#岩样

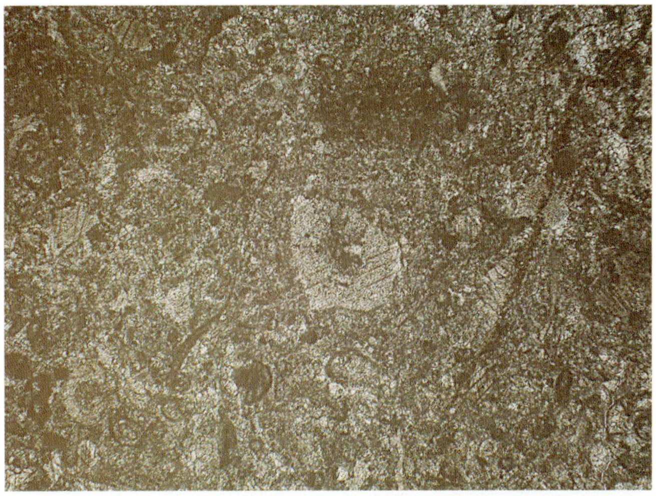
图 4–2–51 偏光镜下观察 1#岩样

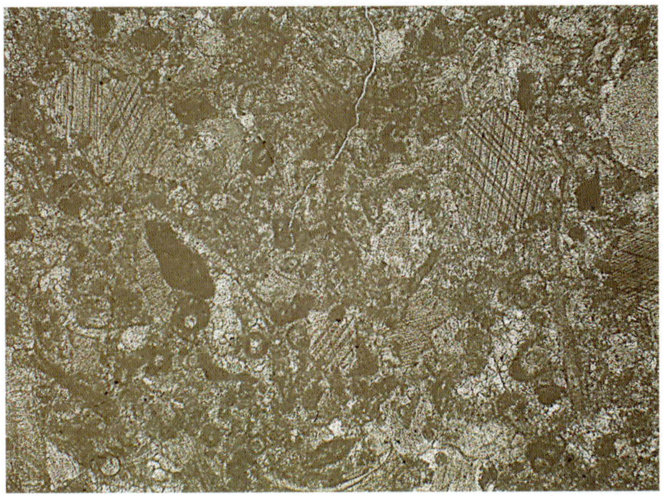
图 4–2–52 偏光镜下观察 1#岩样

图 4–2–53 偏光镜下观察 1#岩样

表 4-19 2#岩样鉴定报告

| 样品编号 | 2# | 采样地点 | 经幢本体脱落岩石 | 岩石名称 | 微晶生屑灰岩 |
|---|---|---|---|---|---|
| 镜下观察描述：<br>生物碎屑结构，块状构造。<br>生物碎屑含量 70%，可辨认的生物碎屑为有孔虫、海百合，其次为介形虫、腕足，含少量藻屑。<br>有孔虫：圆形～椭圆形，大部分直径 0.3 ～ 1.0 毫米，个别颗粒可达 3 毫米，内部生物结构较清晰。由微粒方解石组成。<br>海百合：次棱角状，直径 0.5 毫米左右，所有海百合的纵切面可长达 6 毫米，由单晶方解石组成。<br>介形虫和腕足类：形态、大小以及内部结构成分与 1 # 薄片描述完全一致。<br>藻屑：灰黑色，呈丝状，条带状，长 0.5 ～ 1.0 毫米，少数达 3 毫米，内部可见藻丝状体，由含有机质的微粒方解石组成。<br>填隙物含量 30%，由微晶方解石组成，呈浅灰色。不规则粒状，粒径 0.01 ～ 0.03 毫米，部分微晶方解石已重结晶为较细的细粒方解石，直径 0.1 ～ 0.2 毫米。 | | | | | |

2 # 岩样镜下观察照片：

图 4-2-54 偏光镜下观察 2#岩样

图 4-2-55 偏光镜下观察 2#岩样

图 4-2-56 偏光镜下观察 2#岩样

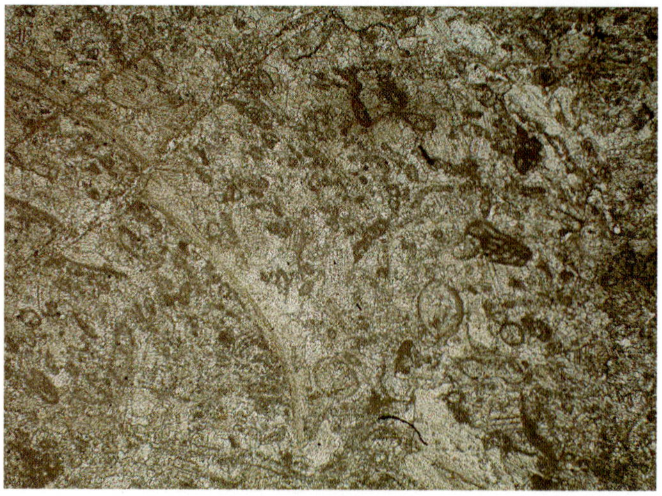

图 4-2-57 偏光镜下观察 2#岩样

2. 物理性质

按照 GB/T 9966.1-2001《天然饰面石材试验方法 第 1 部分：干燥、水饱和、冻融循环后压缩强度试验方法》测定了干燥强度，参照 GB/T 9966.3-2001《天然饰面石材试验方法 第 3 部分：体积密度、真密度、真气孔率、吸水率试验方法》对相关物理性能进行测试，结果见表 4-20。

表 4-20 梵天寺经幢岩石的物理性能及相关参数

| 材料 | 外观 | 干燥压缩强度（MPa） | 真密度（$g/cm^3$） | 体积密度（$g/cm^3$） | 真气孔率（%） | 吸水率（%） | 容 重（$g/cm^3$） | 孔隙度（%） |
|---|---|---|---|---|---|---|---|---|
| 梵天寺经幢岩石 | 灰白色 | 63.16 | 2.70 | 2.65 | 1.74 | 0.69 | 2.7 | 13 |

3. 力学性质

经幢表面掉落块状岩石的力学性质如表 4-21 所示。

表 4-21 岩石的力学参数

| 岩石名称 | 抗压强度（MPa） | 抗拉强度（MPa） | 弹性模量 ×105（MPa） | 泊松比 | 内摩擦角（度） | 内聚力（MPa） |
|---|---|---|---|---|---|---|
| 石灰岩 | 120 | 15 | 0.7 | 0.25 | 40 | 35 |

4. 水理性质

为了查明石材的水理性能，从经幢表面掉落块状岩石中选取、布置多个自由表面吸水率测试区，用卡斯腾量瓶法（Karsten tube）现场对岩石的吸水性能进行了测试，测试时间为 2 小时，根据现场测试结果按下式计算毛细吸水系数 ω：

$$\omega = \frac{W}{\sqrt{t}} \qquad （公式 5-1）$$

式中：W —单位面积的吸水量（$kg/m^2$）

t —时间 (h)

从石质文物保护的角度看，按照矿物材料的毛细吸水系数（ω）可将岩石表面的吸水性能分成四级，如表 4-22 所示。

表 4-22 材料吸水性能的分级

| 级别 | 毛细吸水系数（ω）$kg \cdot m^{-2} \cdot h^{-1/2}$ | 评价 |
|---|---|---|
| 1 | ω<0.1 | 不透水 |
| 2 | ω=0.1~0.5 | 憎水 |
| 3 | ω=0.5~2 | 厌水 |
| 4 | ω>2 | 透水 |

在现场共选择了有代表性的七个区域进行测试，测试照片见图 4-2-58 ~ 图 4-2-61，测试结果和分析结果如表 4-23 所示。

图 4-2-58 南幢吸水率试验

图 4-2-59 南幢吸水率试验

图 4-2-60 北幢吸水率试验

图 4-2-61 北幢吸水率试验

表 4-23 经幢表面吸水率测试结果

| 测点编号 | 测点位置 | 喀斯特瓶面积（10-4m$^2$） | 测试时间（h） | 吸水量(ml) | 单位面积的吸水量（kg/m$^2$） | 毛细吸水系数 ω | 评价（级别） | 现象解释 |
|---|---|---|---|---|---|---|---|---|
| 1 | 北经幢南侧表面有黑壳 | 5.6 | 2 | 0 | 0 | 0 | 1 | 不透水，由于测点表面有黑壳，致使水渗不进去 |
| 2 | 北侧经幢北侧（题刻部位） | 5.6 | 2 | 0.6 | 1.07 | 0.76 | 3 | 厌水状态 |
| 3 | 南幢第一层莲花座北侧 | 5.6 | 2 | 水全部渗完 | | | 4 | 透水，表层石灰岩风化严重，水透过此层向四周扩散 |
| 4 | 北幢第一层短柱北侧 | 5.6 | 2 | 水全部渗完 | | | 4 | 透水，表层石灰岩风化严重，水透过此层向四周扩散 |
| 5 | 南幢北侧 | 5.6 | 2 | 0.3 | 0.54 | 0.38 | 2 | 憎水，岩石表面较完整 |
| 6 | 北幢幢体南侧 | 5.6 | 2 | 0.7 | 1.25 | 0.89 | 3 | 厌水状态 |
| 7 | 北幢幢体北侧表面粗糙 | 5.6 | 2 | 5.3 | 9.45 | 6.7 | 4 | 透水，岩体表面有大量的微裂隙 |

从表 4-23 可看出：

（1）经幢表面掉落的块状岩石表面风化剥落区域毛细吸水系数为表面完整岩石的 2 ～ 3 倍，表面有微裂隙区域的毛细吸水系数为完整岩石的 20 倍左右。这说明，岩石表面发生风化剥落后其表面吸水性明显增强，这主要是由于剥落后岩石表面孔隙增大、增多，结构变得疏松的缘故。

（2）在经幢北侧测点区域中有两个区域的水全部渗光，说明经幢北侧表面剥落以及裂隙相对其他面要严重，这主要由于梵天寺地区常年雨水和风向大多来自于北面。两经幢北侧的风化程度相对比其他面要严重。

5. 材质分析

（1）分析手段和条件

仪器名称：大腔体微束 X- 射线荧光光谱仪

仪器型号：EDX-800HS（日本岛津公司制造）

测量条件：

靶：铑（Rh）

电压：Ti-U 50Kv；Na-Sc 15Kv

测量环境：真空

测量时间：200s

仪器名称：X- 射线衍射仪

仪器型号：RINT 2000（日本理学制造）

测量条件：

靶：铜靶

狭缝：DS=SS=1°，RS=0.15mm

电压：40Kv

电流：40mA

日立（HITACHI）S-3600 型扫描电子显微镜

（2）材质分析结果

岩石样品取自北经幢表面和北经幢须弥座第二层剥落石块（图 4-2-62）。两块样品经 X- 射线荧光光谱分析主要组成为 CaO（岩石元素组成见表 4-24），经 XRD 分析样品的矿物组成主要是方解石（图 4-2-63、图 4-2-64 ）。

图 4-2-62 岩石取样部位

表 4-24 岩石主要元素组成

| 样品编号 | CaO | $SiO_2$ | $SO_3$ | $Fe_2O_3$ |
|---|---|---|---|---|
| 1 | 98.31% | 0.39% | 1.21% | 0.09% |
| 2 | 98.41% | 0.53% | 1.05% | |

6. 化学成分分析

梵天寺经幢的岩石材料主要为灰岩，其主要化学成分及含量如表 4-25 所示。

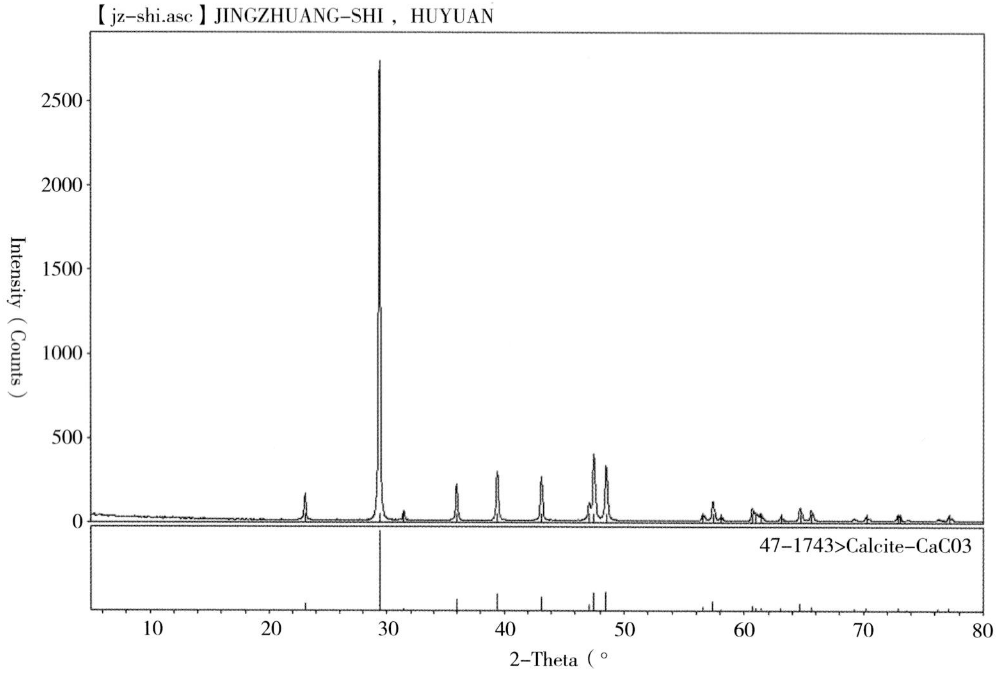


图 4-2-63 样品 1 衍射分析图谱

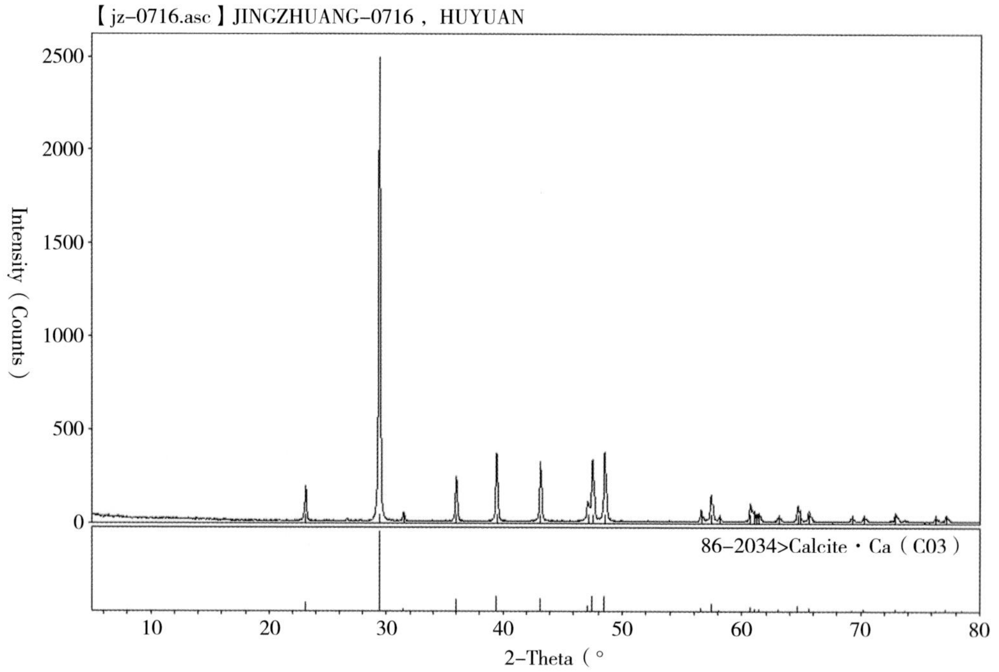


图 4-2-64 样品 2 衍射分析图谱

表 4-25 岩石的主要化学成分及含量

| 岩石名称 | 主要化学成分及含量（%） | | | | | | | | | | | | | |
|---|---|---|---|---|---|---|---|---|---|---|---|---|---|---|
| | $S_iO_2$ | $Al_2O_3$ | $Fe_2O_3$ | FeO | MgO | CaO | $Na_2O$ | $K_2O$ | $H_2O^+$ | $H_2O^-$ | $T_iO_2$ | $P_2O_5$ | MnO | 烧失量 |
| 灰 岩 | 0.18 | 0.70 | 0.12 | 0.10 | 0.12 | 55.41 | 0.00 | 0.13 | —— | 0.024 | 0.009 | 0.009 | 0.001 | 43.19 |

从表可看出：灰岩的氧化物中易溶性氧化物 CaO 的含量较高，说明它较易溶蚀。

**（三）石材表层劣化的主要形式及机理研究**

1. 岩石劣化的概念及分类

岩石材料在自然营力作用下，所发生的一切外观、物理性状、化学组分、矿物组构及内部结构变化的现象称之为风化。但是风化并不意味着材料功能性已达不到使用要求，它只表现为在相当长的一段时间里材料各种性能的缓慢降低。直到这种变化达到无法完成其功能角色的临界状态，材料才产生加速破坏，即所谓劣化阶段。因此，对于岩石材料工程性能的研究重点应着眼于劣化机理的分析。

从病害描述上针对梵天寺经幢石质破坏情况将其分为如下几类：1. 缺损；2. 剥落；3. 分离；4. 裂缝；5. 破碎；6. 微裂隙；7. 结垢；8. 结壳；9. 附积；10. 斑迹；11. 微生物。

这十一种病害在梵天寺经幢幢身表面广泛分布，严重影响经幢的整体稳定和石刻外观的艺术价值。我们经过细致的调查，梵天寺经幢主要的病害为缺损、表面剥落、裂缝、破碎以及表面结垢。目前已详细掌握了每个石质文物单体石材表面各个部位病害的发育情况，并通过相关的图例在实测图上进行了描述（图 4-2-65）。

2. 缺损和裂隙

（1）岩石破坏过程

岩石的破坏分三个阶段。

①原生微裂隙压密阶段（OA 段）

特点：$\sigma_1-\varepsilon_1$ 曲线，应变率随应力增加而减小；塑性变形（变形不可恢复）。

原因：微裂隙闭合（压密）。

②弹性变形阶段（AB 段）

特点：$\sigma_1-\varepsilon_1$ 曲线是直线；弹性模量，E 为常数（变形可恢复）。

原因：岩石固体部分变形，B 点开始屈服，B 点对应的应力为屈服极限。

③塑性变形阶段（BC 段）

特点：$\sigma_1-\varepsilon_1$ 曲线，软化现象；塑性变形，变形不可恢复；应变速率不断增大。

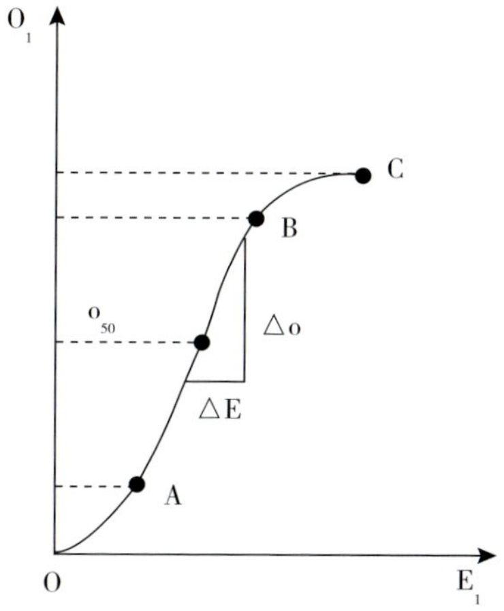

图 4-2-65 岩石应力应变曲线

原因：新裂纹产生，原生裂隙扩展。岩石越硬，BC 段越短，脆性性质越显著。

脆性：应力超出屈服应力后，并不表现出明显的塑性变形的特性而破坏，即为脆性破坏。

（2）石灰岩缺损和裂隙机理分析

①裂隙

组成经幢的石构件上有大量裂隙，这些裂隙对经幢的安全有极大影响。裂隙主要有沿水平分布的层面节理；垂直分布并贯穿石构件的卸荷裂隙；方向交错的微裂隙。

层面节理：

图 4-2-66 北经幢石构件上的水平裂隙

层面节理在石构件上沿水平分布，由于此处是岩石内部的薄弱面，在风吹、日晒、雨淋、应力集中等环境因素作用下沿着节理面开裂形成裂隙（图 4-2-66）。

卸荷裂隙：

原岩应力的释放产生了卸荷裂隙，特别是构件边角部位，产生了沿垂直方向分布的卸荷裂隙（图 4-2-67 ~图 4-2-70）。此类裂隙一般贯穿石构件，长度长，裂隙发生后易造成位移使得裂隙加宽加大。在经幢上分布较多，对经幢构件的稳定构成较大威胁。

在风吹、日晒、雨淋等环境因素作用下，特别是在干湿交替、温度差循环的作用下，岩石内部的应力发生变化，从而加速了裂隙的产生。

图 4-2-67 北经幢石构件边缘卸荷裂隙

图 4-2-68 北经幢石构件边缘卸荷裂隙

图 4-2-69 南经幢石构件的卸荷裂隙

图 4-2-70 南经幢石构件边角部位的裂隙

微裂隙：

微裂隙指那些长度短，缝隙窄的裂隙，单独发生对石构件结构影响不大，但大量微裂隙交错发生时就对石构件造成破坏性损害，石构件碎裂成小块而剥落（图 4-2-71、图 4-2-72）。

②缺损

岩石是由矿物晶粒、胶结物质和大量不规则分布的裂隙、断层构成的地质材料，是一种成分和结构

图 4-2-71 北经幢石构件交错微裂隙

图 4-2-72 北经幢石构件边缘交错微裂隙

高度复杂的孔隙体。岩石发生缺损现象最根本的原因是岩体自身结构发生变化。具体来说，岩石缺损一部分是由于岩石的卸荷作用致使节理面裂隙张开，在重力的作用下脱离本体的现象；另一部分由于长年的岩石内部应力集中，致使部分岩体发生脆性破坏脱离本体。而破坏程度由结构面特征、风化程度、原岩应力（构造应力和自重应力）、温度、湿度等因素所决定。

3. 剥落

石质文物表层剥落指石材表层全部或部分在较小的外力条件下发生基本平行于壁面逐渐脱离母体的现象。研究区内石灰岩的剥落形式以粒状剥落为主。

（1）表层剥落对工程性能的影响

为了查明表层剥落对石材工程性能的影响，在研究区内布置了多个表面回弹测试区，用回弹仪对其表面强度进行了测试。

①表面回弹锤击测试试验原理

回弹仪是一种用于测定岩石表面强度的简易测试仪器，国外称斯密特锤（Schmidt harmmar）。在一定条件下，根据冲击回弹高度和刚性材料抗压强度间的函数关系，可定量化地、原位无损测试地检测岩石表面的强度。其中回弹高度用回弹值“R”来表示。根据研究，岩体回弹值“R”和岩体重度“r”的乘积与岩体抗压强度呈线性关系，因此，只要测得回弹值和密度，即可按图 4-2-73 求得岩体的抗压强度 σcm。

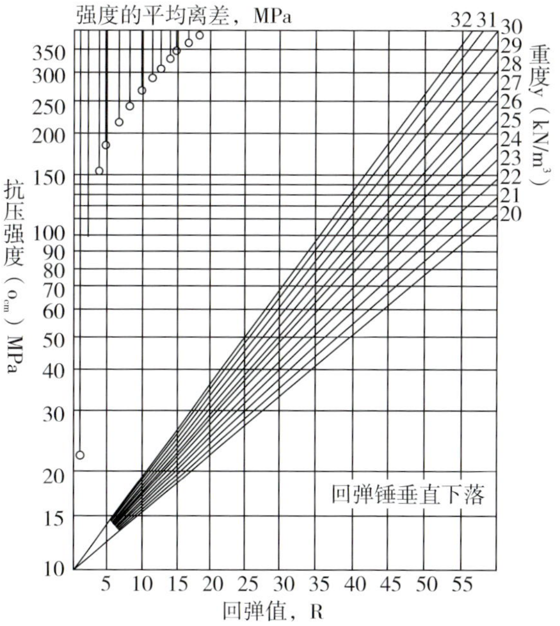


图 4-2-73 岩石抗压强度与 R 和 γ 的关系

②试验仪器选用

国外通用的回弹仪有 L、N、M 三种型号，锤击能量分别为 0.075 公斤·米、0.225 公斤·米、3.0 公斤·米。国际岩石力学学会建议采用 L 型测定岩石强度。我国天津建筑仪器厂生产有定型的回弹仪，现有 HT-75 和 HT-225 两种型号，锤击能量分别为 0.1 公斤 · 米、0.225 公斤 · 米。本次工程采用 HT-225 型。

③测试成果非水平冲击的修正

因回弹仪锤击方向对回弹值影响较大，一般情况下，垂直向下最小，垂直向上最大。而一般野外测试多以水平锤击为主，因此必须首先建立非水平锤击与水平锤击间的修正关系，才能保证测试标准的统一。具体修正数据详见表4-26。

表4-26 回弹仪读数修正表

| 回弹值 | 倾　斜　角　修　正　值 | | | |
|---|---|---|---|---|
| | +90° | +45° | -45° | -90° |
| 10 | | | +2.4 | +3.2 |
| 20 | -5.4 | -3.5 | +2.5 | +3.4 |
| 30 | -4.7 | -3.1 | +2.3 | +3.1 |
| 40 | -3.9 | -2.6 | +2.0 | +2.7 |
| 50 | -3.1 | -2.1 | +1.6 | +2.2 |
| 60 | -2.3 | -1.6 | +1.3 | +1.7 |

④测试区域岩石等级划分

为了测定岩石的完整性和剥落对强度的影响程度，选择有裂缝和表面剥落严重的岩石做回弹强度测试，在测试前把测试区域的岩石分为三个等级来描述岩石的完整程度，甲等表示岩石较完整、无裂隙的区域，乙等表示表面有风化或岩石不是较完整的区域，丙等表示岩石较破碎、裂隙发育多的区域。

表4-27 南幢回弹强度测试值表

| 序号 | 测点部位及测点描述 | 岩石完整程度 | 测试方向 | 回弹平均值 | 修正后回弹值（R） | 单轴抗压强度（MPa） |
|---|---|---|---|---|---|---|
| 1 | 磐石底座 | 甲 | 垂直向下 | 60 | 61.7 | 280 |
| 2 | 磐石底座裂缝边缘（裂缝宽约5cm） | 丙 | 垂直向下 | 53 | 55.2 | 200 |
| 3 | 基座第二层须弥座风化破碎带表面 | 丙 | 水平 | 50 | 50 | 150 |
| 4 | 刻有龙图案的短柱表面 | 乙 | 水平 | 52 | 52 | 180 |
| 5 | 佛像表面有结垢处的表面 | 丙 | 水平 | 45 | 45 | 110 |
| 6 | 莲花座仰视向上裂缝边缘 | 丙 | 垂直向下 | 54 | 51 | 165 |
| 7 | 莲花座仰视向上完整处 | 乙 | 垂直向下 | 59 | 56.5 | 210 |
| 8 | 经幢底座东面裂隙发育处，周围较破碎 | 丙 | 水平 | 46 | 46 | 125 |
| 9 | 经幢底座西面裂隙发育处，周围较破碎，与8同一块岩石 | 丙 | 水平 | 51 | 51 | 150 |
| 10 | 经幢底座北面破损处 | 乙 | 水平 | 55 | 55 | 200 |
| 11 | 与10同块岩石的裂隙边缘（裂隙约5mm） | 丙 | 水平 | 56 | 56 | 210 |
| 12 | 幢身北面，表面裂隙 较多处 | 乙 | 水平 | 52 | 52 | 170 |
| 13 | 幢身东面，表面较完整 | 甲 | 水平 | 60 | 60 | 260 |
| 14 | 幢身东面，表面裂隙较多 | 乙 | 水平 | 58 | 58 | 250 |
| 15 | 幢身西面，表面较完整 | 甲 | 水平 | 60 | 60 | 270 |

| | | | | | | |
|---|---|---|---|---|---|---|
| 16 | 腰檐东面，表面结垢严重 | 甲 | 水平 | 53 | 53 | 180 |
| 17 | 幢身以上第一重连珠上莲花座缺损位置表面，方向朝东 | 乙 | 水平 | 51 | 51 | 160 |
| 18 | 幢身以上第二重连珠上莲花座缺损位置表面，方向朝东 | 丙 | 水平 | 37 | 37 | 70 |
| 19 | 第五重连珠底座表面 | 乙 | 水平 | 42 | 42 | 94 |
| 20 | 第七重连珠莲花座缺损位置表面 | 甲 | 水平 | 53 | 53 | 180 |

表 4–28 北幢回弹强度测试值表

| 序号 | 测点部位及测点描述 | 岩石完整程度 | 测试方向 | 回弹平均值 | 修正后回弹值（R） | 单轴抗压强度（MPa） |
|---|---|---|---|---|---|---|
| 1 | 基础磐石 | 甲 | 垂直向下 | 57 | 59.2 | 270 |
| 2 | 基础第一层须弥座 | 乙 | 水平 | 44 | 44 | 110 |
| 3 | 基础第二层须弥座 | 乙 | 水平 | 48 | 48 | 140 |
| 4 | 基础第二层须弥座 | 乙 | 水平 | 51 | 51 | 155 |
| 5 | 基础第二层须弥座 | 丙 | 垂直向下 | 39 | 42.1 | 94 |
| 6 | 基础第三层须弥座 | 乙 | 垂直向下 | 53 | 55.2 | 200 |
| 7 | 须弥座缺损后表面 | 甲 | 水平 | 59 | 59 | 270 |
| 8 | 须弥座完整岩石表面 | 甲 | 垂直向下 | 59 | 61.2 | 280 |
| 9 | 基础第二层须弥座 | 甲 | 水平 | 56 | 56 | 210 |
| 10 | 裂隙发育较多，较破碎的岩石 | 丙 | 垂直向下 | 23 | 26.4 | 40 |
| 11 | 裂隙发育的岩石表面 | 丙 | 垂直向下 | 36 | 39.1 | 85 |
| 12 | 幢身部位，表面平整，测点方向朝南 | 甲 | 水平 | 60 | 60 | 270 |
| 13 | 幢身部位，表面平整，测点方向朝东 | 甲 | 水平 | 63 | 63 | 290 |
| 14 | 幢身部位，表面平整，周围有数条裂隙，方位朝东 | 乙 | 水平 | 60 | 60 | 270 |
| 15 | 幢身部位，测点方向朝北 | 甲 | 水平 | 56 | 56 | 210 |
| 16 | 幢身部位，周围有数条裂隙，测点方向朝北 | 乙 | 水平 | 53 | 53 | 230 |
| 17 | 幢身表面脱落部位，测点方向朝西 | 乙 | 水平 | 52 | 52 | 220 |
| 18 | 幢身部位，表面风化裂隙多，测点方向朝北 | 乙 | 水平 | 53 | 53 | 230 |
| 19 | 幢身表面保存完好，测点方向朝南 | 甲 | 水平 | 58 | 58 | 250 |
| 20 | 腰檐部位，周围有裂隙，测点方向朝南 | 乙 | 水平 | 54 | 54 | 190 |
| 21 | 腰檐部位，表面微裂隙较多，测点方向朝北 | 乙 | 水平 | 55 | 55 | 200 |
| 22 | 幢身以上第一层金刚石，表面较完整。测点方向朝北 | 乙 | 水平 | 56 | 56 | 210 |
| 23 | 破损半块的莲花座表面，测点方位朝西北 | 丙 | 水平 | 46 | 46 | 115 |
| 24 | 第二块半残损莲花座缺失部位，测点方向朝西北 | 丙 | 水平 | 50 | 50 | 150 |
| 25 | 第二块半残损莲花座缺失部位，周围有较多微裂隙，测点方向朝西北 | 丙 | 水平 | 39 | 39 | 87 |

结论分析：由表 4–27、4–28 可看出：表面剥落对石材表面强度有极大影响，剥落区与未剥落区相比，表面强度下降 20% ~ 100%，从岩石裂缝区域测得的数据表明，裂缝对岩石的强度影响不是很明显。

（2）风化剥落现象及机理研究

图 4–2–74 正在进行无损元素分析

为了便于进一步研究梵天寺石经幢风化的具体原因，我们采用了美国热电公司的便携式 X 荧光元素分析仪，对石经幢进行了无损元素分析（图 4–2–74），南北经幢取样点达到 60 个。分析结果表明（图 4–2–75），风化严重的岩石本体含有石膏成分较大；风化较轻的岩石本体含有石膏成分较小，这说明酸雨是造成岩石经幢本体风化的主要原因。

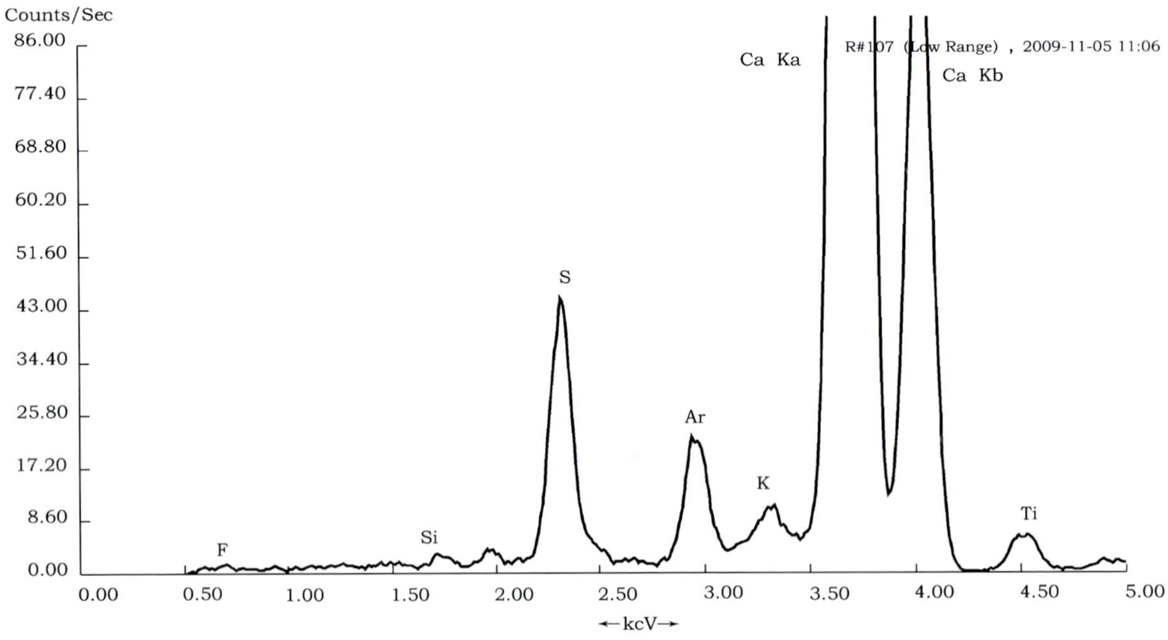


图 4–2–75 分析结果

组成经幢的石构件是灰岩，主要成分为碳酸钙。表面岩石普遍存在风化现象，主要特征是表面岩石颗粒状或粉末状剥落，造成表面的雕刻模糊变浅。

图 4-2-76 南幢上层石构件表面风化

图 4-2-77 南幢上层石构件表面风化

图 4-2-78 北幢上层雕刻（朝南）

图 4-2-79 北幢上层雕刻（朝东）

调查发现处于不同位置风化状况程度不同。经幢最上几层构件风化较为严重，如上图所示，表面雕刻已经难以辨认。图 4-2-76 和图 4-2-77 中为南幢中层的石檐，由于雨水直接冲刷，风化严重。图 4-2-78 和图 4-2-79 中为北经幢同一层的雕刻，朝东的雕刻明显比朝南的风化严重。而东向正是大多数风雨来袭的方向，由此可见直接被雨淋的部位风化较为严重，这种溶蚀对于酸雨地区尤其严重。

下面从岩样的扫描电镜图片来比较岩石表面风化剥蚀的过程。图 4-2-80 显示的是新鲜岩石的微观形貌，图中微晶方解石颗粒完整，棱角分明。图 4-2-81、图 4-2-83 显示的是风化岩石表面的微观形貌，微晶方解石颗粒有碎裂、溶蚀，晶体边角溶蚀明显。图 4-2-82 中有膜状石膏覆盖于方解石之上。表层剥落在微观结构上的变化主要表现为产生次生的黏土矿物、石膏、有机质，产生新的孔隙、裂隙或原有孔隙、裂隙变大，这些特征反映出石灰岩的剥落既有物理变化又有化学变化。

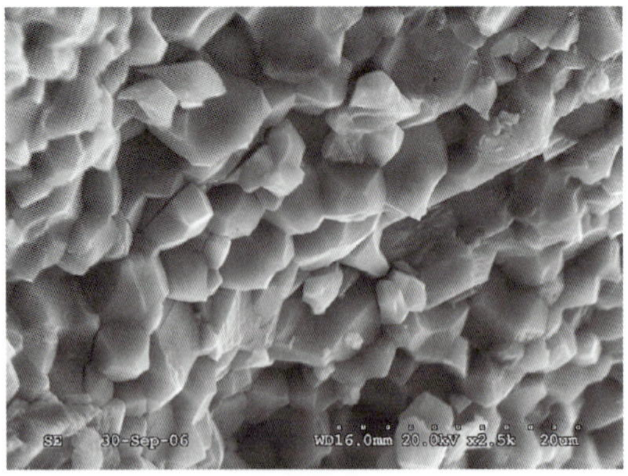


图 4-2-80 新鲜岩石微观形貌

图 4-2-81 风化岩石表面微观形貌

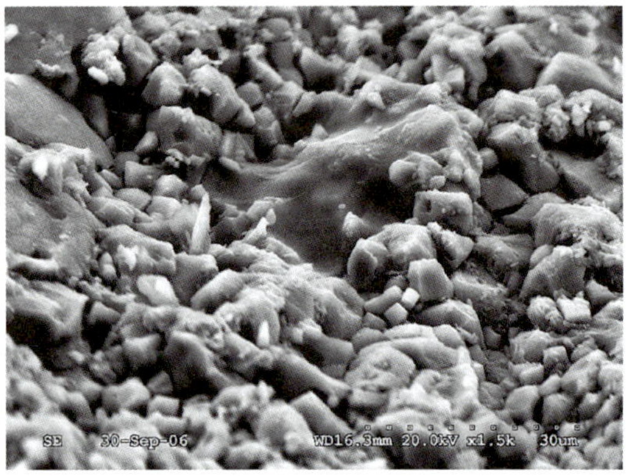


图 4-2-82 风化表面岩石膜状石膏层

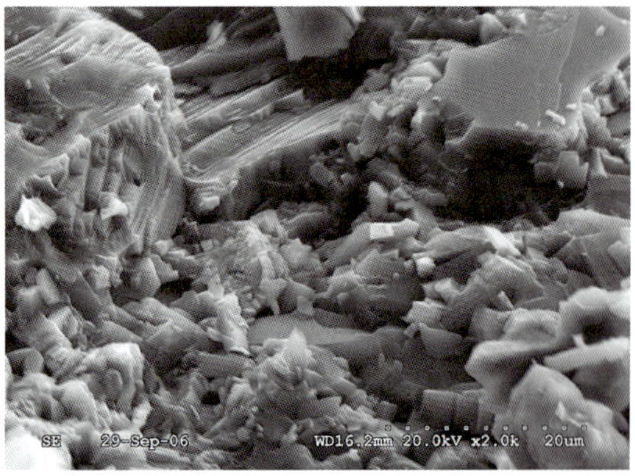


图 4-2-83 风化表面岩石碎裂溶蚀图

4. 结壳

结壳指的是外界物质在石材表面形成大于 1 毫米厚黑色或棕色硬壳层的现象（图 4-2-84 ~ 图 4-2-87）。产生这种病害的原因可能与空气降尘和酸雨等影响有关。经幢表面覆盖有黑色沉积物，它们或紧密或酥松地附着在灰岩表面，对经幢外观有很大影响。黑色沉积物分布范围广，覆盖面积占两座经幢近 20%~30% 表面积。黑色沉积物所呈现的宏观形态多种多样：有附着紧密的膜状沉积壳，它们在雕刻表面并不影响原有雕刻的形态；有类似夹心饼干的多层沉积壳，它们多和下层的灰岩本体分层空鼓；还有一类沉积壳表面粗糙，类似无数小的钟乳石附着在灰岩表面，黑色沉积壳多集中分布在雨水冲刷不到的地方，如石檐里或有遮挡的雕刻处，这种结壳虽然对条石强度没有明显影响，但严重影响了建筑的美观。

图 4-2-84 北经幢表面膜状沉积壳

图 4-2-85 北经幢表面钟乳石状沉积壳

图 4-2-86 北经幢表面多层壳状沉积壳

图 4-2-87 北经幢斗栱处沉积壳

（1）黑色沉积壳的物质组成分析

分别取不同类型的黑色沉积壳进行分析，取样位置见表 4-29；主要元素成分及所占比例见表 4-30；主要物质组成见表 4-31。

表 4-29 沉积壳取样情况

| 样品号 | 取样部位 |
|---|---|
| 0691 | 北经幢表面黑色沉积壳，厚度 1 毫米左右 |
| 0715 | 北经幢表面黑色沉积壳 |
| 0933 | 北经幢表面多层壳状沉积壳，厚度 2~3 毫米 |
| 0934 | 北经幢表面钟乳石状沉积壳 |

表 4-30 沉积壳样品主要元素组成

| 样品号 | CaO | $SO_2$ | $SiO_2$ | $Fe_2O_3$ | $P_2O_5$ | $Al_2O_3$ | $K_2O$ | $TiO_2$ |
|---|---|---|---|---|---|---|---|---|
| 0691 | 48.89% | 40.70% | 4.24% | 2.60% | 1.80% | 1.00% | 0.43% | 0.38% |
| 0715 | 49.48% | 38.56% | 4.39% | 2.78% | 1.05% | 0.82% | 0.41% | |
| 0933 | 49.92% | 33.42% | 6.74% | 5.25% | 1.41% | 1.76% | 0.64% | 0.61% |
| 0934 | 53.44% | 38.77% | 2.87% | 2.09% | 1.70% | 0.52% | 0.30% | 0.31% |

表 4-31 沉积壳样品主要物质组成

| 样品号 | 主要物质组成 |
|---|---|
| 0691 | 石膏（$CaSO_4.2H_2O$）、石英（$SiO_2$） |
| 0715 | 石膏（$CaSO_4.2H_2O$）、石英（$SiO_2$） |
| 0933 | 石膏（$CaSO_4.2H_2O$）、石英（$SiO_2$） |
| 0934 | 石膏（$CaSO_4.2H_2O$）、石英（$SiO_2$） |

经X-射线荧光分析，几个样品黑壳主要为Ca元素、S元素，其他元素如Si、Fe、P、Al、K、Ti等含量之和占10%左右。XRD结果显示它们的物质组成都是石膏（$CaSO_4.2H_2O$），另外还含有少量的石英，石英可能来自外来的灰尘中或由于灰岩自身的石英残留。

（2）黑色沉积壳的微观形貌分析

黑色沉积壳的主要成分为石膏，但宏观形貌却有较大差异，为进一步研究沉积壳的形成，使用金相显微镜和电子扫描显微镜对沉积壳样品进行分析。

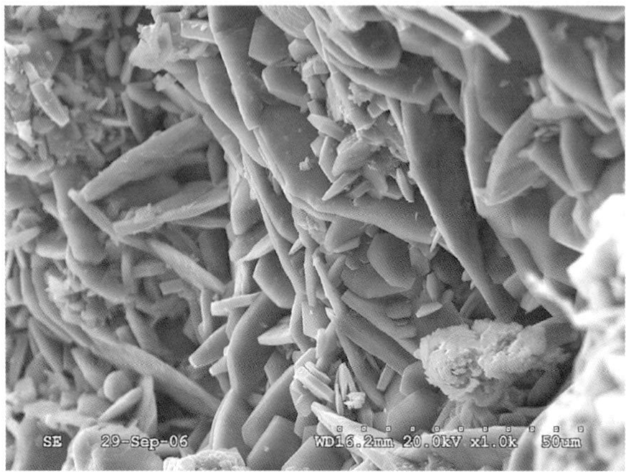


图4-2-88 多层沉积壳表层板状石膏晶体

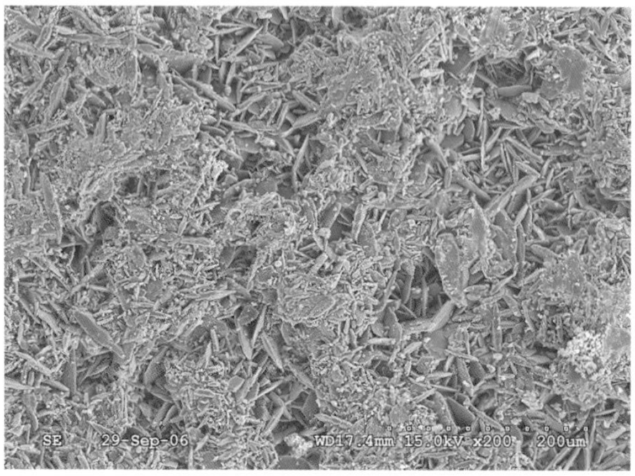


图4-2-89 膜状沉积壳表层板状石膏晶体

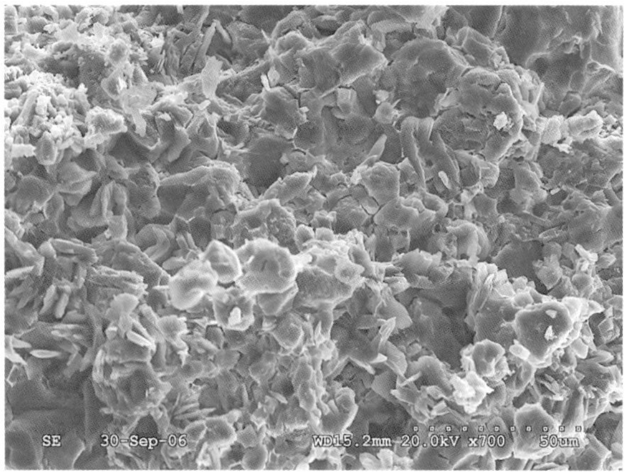


图4-2-90 钟乳石状沉积壳表面石膏晶体形貌

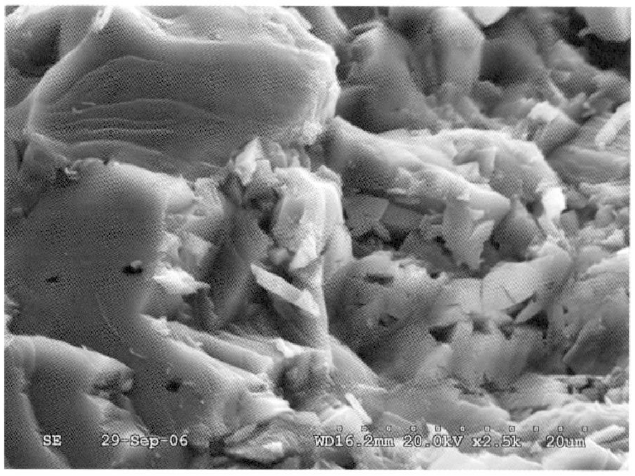


图4-2-91 方解石碎裂溶蚀并向石膏转化

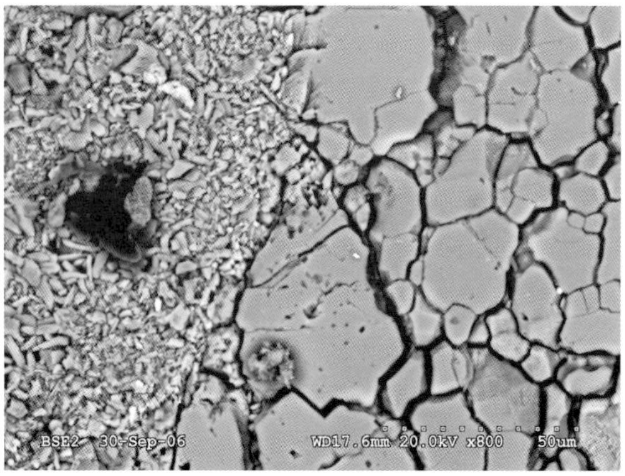


图4-2-92 经幢灰岩表层沉积壳形貌

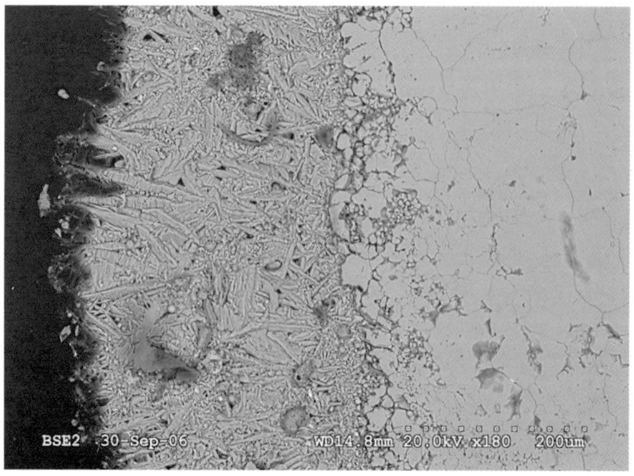


图4-2-93 经幢灰岩表层沉积壳形貌

图 4-2-88、图 4-2-89、图 4-2-90 显示的是沉积壳表面石膏形貌，多层和膜状沉积壳表面的石膏结晶状况较好，可见大量板状结晶，大小在 10 微米左右 ，宏观上表现为沉积壳较为光滑。而钟乳石状沉积壳宏观上较为粗糙，反映在微观上石膏结晶形状不完整。图 4-2-91 是方解石晶体碎裂溶蚀并向石膏转化，新形成的石膏形貌并不规则，没有形成完整的晶体。图 4-2-92 、图 4-2-93 为灰岩与沉积壳交接面的背散射电子像，图 4-2-92 反映在灰岩表面上 20 到 30 微米石膏结晶尺寸较小，也没有大的晶体，而图 4-2-93 所反映出在沉积壳表面则有结晶很好的石膏板状晶体。

（3）黑色结壳结构成分分析

图 4-2-94 结壳样品位置

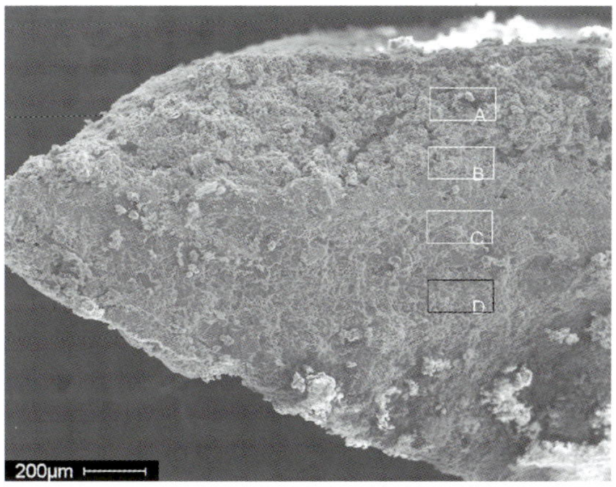


图 4-2-95 沉积壳和灰岩微观形貌

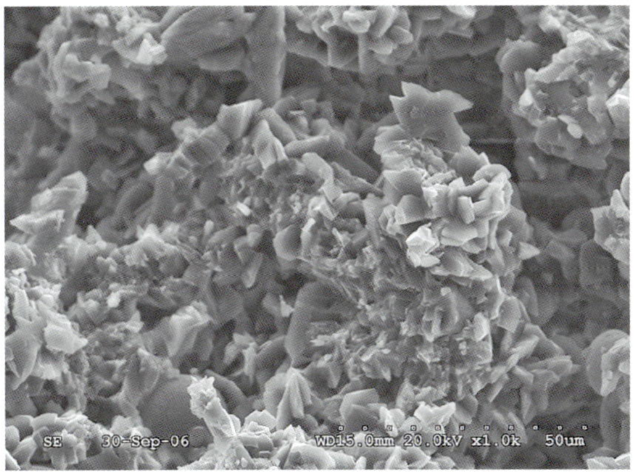


图 4-2-96 A 区域（沉积壳外层）

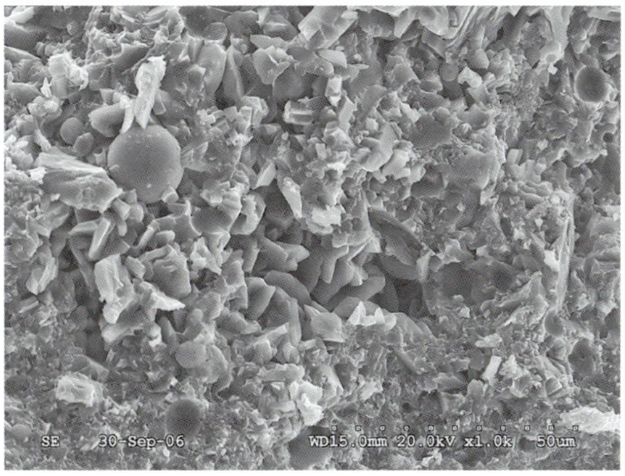


图 4-2-97 B 区域

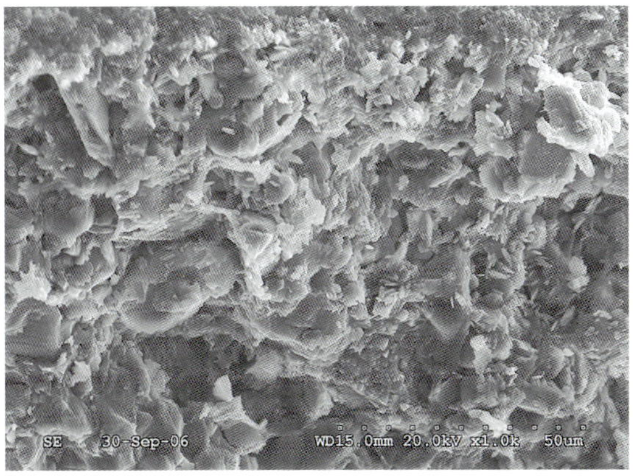


图 4-2-98 C 区域

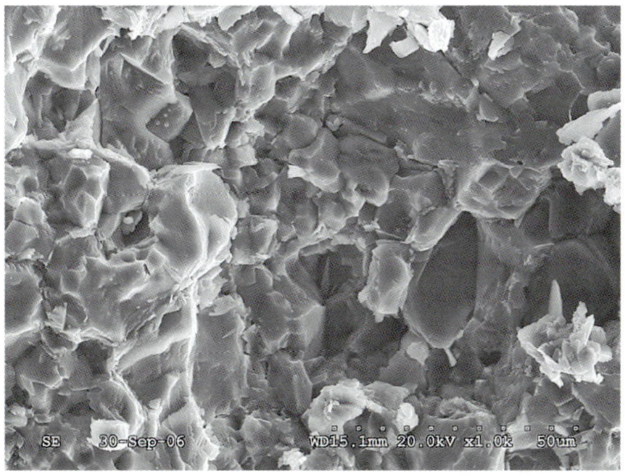


图 4-2-99 D 区域（沉积壳内层）

表 4-32 各层元素组成表

| 元素 | A | B | C | D |
|---|---|---|---|---|
| Na | 00.83 | 00.74 | 00.61 | 00.32 |
| Mg | 00.56 | 00.68 | 00.18 | 00.44 |
| Al | 05.25 | 04.29 | 00.69 | 01.18 |
| Si | 14.83 | 09.33 | 01.94 | 02.04 |
| S | 30.81 | 34.39 | 14.48 | 06.10 |
| K | 01.01 | 00.91 | 00.41 | 00.00 |
| Ca | 42.97 | 47.17 | 80.90 | 89.19 |
| Fe | 03.74 | 02.49 | 00.80 | 00.73 |

图 4-2-94 为北经幢中层一处黑色沉积壳取样部位，图 4-2-95 是样品的 SEM 形貌图片，表 4-32 为样品各层元素组成（图 4-2-96、图 4-2-97、图 4-2-99）。其中 S 元素由外向内其含量逐步减少，由此可以看出沉积壳厚度在 200 ~ 300 微米左右，方解石被溶蚀转化为石膏在这一区域（图 4-2-98）。

（4）黑色沉积壳的形成机理分析

通过上面的分析，确定黑色沉积壳的主要构成是石膏（$CaSO_4 \cdot 2H_2O$），其中硫酸根源于大气环境中的酸雨和大气中污染物 $SO_2$。灰岩主要成分是碳酸钙，它受到污染发生反应产生石膏的过程如下：

$SO_2+O_2 \rightarrow SO_3$

$SO_3+H_2O \rightarrow H_2SO_4$

$CaCO_3+H_2SO_4+H_2O \rightarrow CaSO_4.2H_2O+CO_2$

在这一反应不断发生的同时，还有石油、煤等燃烧的残留物，大气中的粉尘等污染物不断沉积在灰岩表面，它们和石膏混合在一起就形成了黑色沉积壳。

根据近几年杭州市环境质量公报的数据，杭州市空气污染特征为：以煤烟型为主，并呈现煤烟、机动车废气混合型污染。而煤烟产生的主要污染物就有 $SO_2$。因此杭州市一直属于重酸雨区，并有继续加重的趋势见表 4-33、表 4-34 所示。

表 4-33 杭州市区近几年酸雨状况

| 年份 | 1998 | 1999 | 2000 | 2001 | 2002 | 2003 | 2004 | 2005 | 2006 | 2007 |
|---|---|---|---|---|---|---|---|---|---|---|
| 频率（%） | 72.48 | 67.5 | 57.43 | 82.7 | 73.6 | 69.0 | 75.07 | 86.4 | 79.8 | 90.2 |
| PH 值 | | | | 4.47 | 4.68 | 4.78 | 5.00 | 4.68 | 4.39 | 4.28 |

表 4-34 杭州市区主要污染物状况

| 年份 | 1998 | 1999 | 2000 | 2001 | 2002 | 2003 | 2004 | 2005 | 2006 |
|---|---|---|---|---|---|---|---|---|---|
| 二氧化硫年平均浓度 ($mg/m^3$) | 0.059 | 0.052 | 0.046 | 0.052 | 0.047 | 0.049 | | 0.06 | |
| 氮氧化物年平均浓度 ($mg/m^3$) | 0.074 | 0.072 | 0.046 | 0.053 | 0.048 | 0.056 | | | |
| 降尘年平均值 ($t/km^2$·月) | 13.08 | 12.42 | 12.91 | 12.16 | 11.08 | 9.79 | 9.79 | 9.04 | 9.43 |

## 第三节 材料试验

为了配合经幢的加固和修复，本文重点对石质文物缝隙的修复和加固的环氧树脂灌浆材料的性能进行了试验研究，同时，对封缝用硅酮胶的性能进行初步试验，为修复、加固材料和工艺提供基本数据和理论指导。

### 一、材料的试验和选定

**（一）灌浆及粘接加固材料要求**

1. 化学灌浆补强

化学灌浆补强就是将一定的化学灌浆材料配制成浆液，用压送设备将其灌入缝隙内，使其扩散、胶凝、固化，达到补强的目的。化学灌浆补强具有如下特点：

（1）灌浆补强，缝隙粘接加固。

（2）补强施工时对构筑物的影响小，安全可靠。

（3）与其他方法相比，施工方法简便，速度快，构筑物很快恢复使用。

（4）施工费用低，综合经济效果好。

2. 灌浆材料的要求

用来进行化学灌浆的材料很多，有的化学灌浆材料适用于堵漏防渗，有的具有较高的粘结强度，适用于结构补强。理想化学灌浆材料的性能，一般应符合下列要求：

（1）浆液是真溶液，黏度小，可灌性好。

（2）浆液的胶凝或固化时间可按需要调节。

（3）凝胶体或固结体的耐久性好，不受稀酸、稀碱或其他外界因素的影响。

（4）浆液在胶凝或固化时收缩小。

（5）凝胶体或固结体具有良好的抗渗性。

（6）浆液在胶粘过程中，其黏度的增长有较明显的突变过程。

（7）固结体的抗压、抗拉强度高，特别是与被灌体有较好的粘结强度。

（8）浆液无毒或低毒，对环境的污染较少。

（9）灌浆工艺较简单。

（10）灌浆各原材料货源广，价格低，贮运方便。

在已有的化学灌浆材料中，其性能一般仅部分符合上述要求，因此，应用时要按不同工程要求，选择合适的灌桨材料。目前，应用最广的结构补强化学灌浆材料是环氧树脂灌浆材料。

3. 加固材料的选择

为了使所选用的材料更具有科学性和针对性，材料的粘结强度与文物构件强度更好地匹配，材料的色泽不影响文物外观，以及防止因化学材料应用不当造成新的破坏，此次工程根据现场病害调查和经幢岩体表面开裂、岩块风化的病害特点，有针对性地选取在国内外同类工程中使用比较多的几种材料进行工程类比和试验选择对比，综合评估各种材料的性能及操作工艺的可行性，分别选出一种最适用的化学材料进行灌浆、粘接工作。

使用较多的灌浆、粘接材料有：

（1）表层裂隙灌浆材料

①环氧树脂胶泥

采用进口环氧树脂 XH 111A Normal Cl（双酚 A 改性环氧胶粘剂）与 XH 111B Normal 固化剂以 2 ∶ 1 比例混合使用。双组分冷固化触变环氧粘胶，力学强度高，不流淌，贴伏性好，对多数材料粘结力良好，防水和抗化学腐蚀能力强。

② BYN602B 高强度硅酮结构胶粘剂和 BYN602C 双组分室温固化硅酮腻子

主要成分为聚二甲基硅氧烷。无溶剂，无毒，双组分，颜色同岩体基本色调相近（浅黄褐色和浅灰色）；适于挤注，不流淌；无污染岩面的渗出物；BYN602B 高强度硅酮结构胶粘剂粘接强度大于 1 兆帕；弹性伸长率大于 100%，适应裂隙变形和位移；BYN602C 双组分室温固化硅酮腻子粘接强度大于 1.2 兆帕；弹性伸长率大于 50%，以适应裂隙变形和位移；对湿气和日光辐照环境稳定，固化后可局部切除并具有再填充修复的一致性。

（2）灌浆粘接加固材料

①改性环氧树脂

局部灌浆加固采用强度大、使用方便，耐老化性能好的改性环氧树脂。XH160A（双酚 A —环氧氯丙烷树脂）与 XH160 B 以 10 ∶ 3 比例混合使用。双组分冷固化无溶剂环氧粘胶，力学强度高，粘合力强，黏度低，防水性能佳。

② BYN1002 环氧灌缝胶

主要成分为双酚 A 环氧。无溶剂，低毒，双组分，透明微黄液体，低黏度，在低压下能深度灌入充满缝内石砾、灰土等杂物的空隙并将其全部包裹；能浸润裂隙内岩体表面，实现稳定的粘接，粘接抗拉强度应不小于 8 兆帕；固化时间大于 6 小时，固化过程中环氧树脂和增塑剂不过度渗出，不会透过岩体出现污迹影响岩画岩体的形貌。

③ BYN-113 室温固化硅橡胶灌缝胶

主要成分为甲基三乙氧基硅烷。无溶剂，无毒，双组分，可依据现场调整颜色，低黏度，在低压下能深度充满裂缝内石砾、灰土等杂物的空隙并将其全部包裹；能浸润裂隙内岩体，实现稳定的粘接，粘接抗拉强度应不小于 1.0 兆帕，弹性延伸率大于 100%；室温化学固化，固化过程中无渗出物污染。

**（二）环氧树脂灌浆材料的选定**

1. 环氧树脂灌浆材料

环氧树脂灌浆材料具有化学稳定性好、可以低温固化、收缩小、强度高、粘结力强等一系列优点，而且因为环氧树脂灌浆材料的粘结力和内聚力均大于混凝土、石材的内聚力，能有效修补裂缝，恢复结构的整体性，因此，在目前是一种较好的化学灌浆材料。

（1）环氧树脂灌浆材料的组成与作用

环氧灌浆材料是以环氧树脂为主要成分，加入增塑剂、稀释剂和固化剂等组成的一种高分子材料。

①主剂——环氧树脂

由于高分子结构的差异，环氧树脂有不同的类型。最常用的是双酚 A 型环氧树脂，因为它具有许多优良性能如：

A. 粘结力强，能与各种金属材料和非金届材料粘结，有万能胶之称。

B. 收缩性小，纯树脂固化物收缩率小于 3%，在热固性树脂中收缩性是最小的。

C. 存放稳定性好，环氧树脂如不与固化剂相混，自身不会固化，可长期存放不变质。

D. 固化体化学稳定性好，固化后的环氧树脂，能耐酸碱及有机溶剂的侵蚀。

E. 电绝线性及物理力学性能好。

由于上述优点，所以得到广泛应用。

②固化剂

环氧树脂的固化剂很多，用作化学灌浆时，灌浆材料常使用在室温下固化的固化剂，主要是脂肪族伯、仲胺类，如乙二胺、二乙烯三胺、三乙烯四胺等。在用胺类作固化剂固化环氧树脂时，必须正确选择固化剂的品种和用量，否则会影响固化物的物理力学性能。

③稀释剂

一般国产环氧树脂为粘稠状液体或固体，用作灌浆材料时，必须加入稀释剂，稀释剂有非活性稀释剂与活性稀释剂二类。

A. 非活性稀释剂：如丙酮、苯、甲苯、二甲苯等。非活性稀释剂与环氧树脂作用属于物理过程，在固化过程会挥发，引起较大的体积收缩，如用量过大还会降低固化物的性能。

B. 活性稀释剂：不仅对环氧树脂有稀释作用，还能参加固化反应生成树脂。目前比较广泛采用的是用糠醛—丙酮作混合稀释剂的环氧树脂浆液，它在一定条件下能进一步树脂化。糠醛、丙酮都是黏度较小的有机溶剂，既是环氧树脂有效的稀释剂，又能互相反应，最后生成不溶的高分子聚合物，糠醛—丙酮的这些特性，就降低了环氧树脂灌浆材料的黏度，提高了可灌度，也提高了浆液粘结强度，改善了固化物的韧性。但这类浆液有早期放热量大、固化时间长、浆液的黏度逐渐增大、对潮湿和裂缝有水的混凝土和石材粘结强度较低等缺点。

④增塑剂与增韧剂

单纯环氧树脂的固化物性能较脆，加入增塑剂可提高韧性、抗冲击强度和耐寒性能，但抗拉强度、弹性模量、软化点都相应降低。

增塑剂分非活性和活性两类：

A. 活性增塑剂能参与固化反应，主要为缩水甘油醚类的物质，存在价格高、挥发性大、毒性大等缺点。

B. 非活性增塑剂不参与固化反应，常用一些沸点高、挥发性低的有机溶剂作增塑剂，如甲苯、乙醇、丙酮、丁醇、二丁酯等。

（2）环氧树脂灌浆液的配制方法

环氧树脂浆液的配制方法，是将环氧树脂与其他外加剂搅拌混合。外加剂的掺加次序，一般为稀释剂、增韧剂、最后加入团化剂。搅拌必须均匀，浆液配制后最好能予以冷却，使其反应速度缓慢，黏度增长不致太快。配制糠醛—丙酮体系的浆液，要先将糠醛、丙酮按一定比例混合，然后按其掺量加入到环氧树脂中，搅拌均匀，再加入其他外加剂，最后加入固化剂。

（3）裂缝宽度与环氧树脂浆液配方的选择

裂缝修补是针对已经稳定的裂缝而言的，对于继续扩大的裂缝，应设法限制结构的变形，浆液配方和裂缝修补方法可根据裂缝的宽度、深度及密度的不同进行选择。

①对于宽度小于 0.2 毫米的细而深的裂缝，宜采用可灌性较好的低黏度环氧树脂浆液灌注补强。

②对宽度为 0.2 ~ 1.0 毫米的裂缝，宜采用收缩较小的环氧树脂浆液灌注补强。

③当裂缝宽度大于 1 毫米时，宜掺加石粉，常采用 1 ∶ 2 浆液石粉比例。为保证新老结合强度，修补宜先将缺陷周围凿毛、清洁。

2. 实验研究目的和内容

本实验拟针对梵天寺石刻修复保护工程中涉及的粘接和加固材料进行各项性能测试等工作，为修复、加固材料品种和工艺的选择提供基本数据和理论指导。试验材料的选择方面，采用目前公认的石质文物灌浆加固材料，包括进口和国产的环氧树脂、硅酮胶等加固粘接材料，性能检测项目主要选择与加固修复要求相关的重要性能指标。主要研究内容有如下。

（1）材料选择和准备：环氧树脂灌浆加固材料采用国际上知名的瑞士爱牢达 XH160A/B 环氧树脂灌浆液，以及国内常用的 E–44 环氧—丙酮—糠醛灌浆液，环氧树脂灌浆封缝材料选用道康宁 791 硅酮胶。

（2）基本性能测试：参照相关标准，对进口环氧、国产环氧浆液和浇注体的基本性能进行测定，主要包括外观、适用期、固化时间、体积收缩、抗拉强度、抗压强度、粘接强度等。

（3）耐老化性能测定：对进口环氧、国产环氧、硅酮胶浇注体的耐老化性能进行测定，主要项目有：耐二氧化硫、耐温度变化、耐酸耐碱、耐盐等。

（4）对硅酮胶的相关性能及环氧树脂灌浆液掺加石粉的性能同时进行测试对比。

3. 环氧灌浆液的配制与浇注

（1）实验材料

见表 4–35。

表 4–35 实验材料

| 名 称 | 产 地 | 用 途 |
|---|---|---|
| 爱牢达 XH160A | 亨斯迈先进化工材料（广东）有限公司 | 环氧主剂 |
| 爱牢达 XH160B | 亨斯迈先进化工材料（广东）有限公司 | 固化剂 |
| WSR6101 环氧树脂（E–44） | 无锡树脂厂 | 环氧主剂 |
| 糠醛（AR） | 上海金山亭新化工试剂厂 | 稀释剂 |
| 丙酮（AR） | 上海申博化工有限公司 | 稀释剂 |
| 二乙烯三胺（CP） | 上海凌峰化学试剂有限公司 | 固化剂 |
| 邻苯二甲酸二丁酯（AR） | 上海金山亭新化工试剂厂 | 增韧剂 |
| 道康宁 791 硅酮胶（灰色） | 道康宁韩国公司 | 封缝剂 |
| 盐酸（AR） | 南京化学试剂厂 | 耐酸试验 |
| 氢氧化钠（AR） | 南京化学试剂厂 | 耐碱试验 |
| 亚硫酸氢钠（AR） | 南京化学试剂厂 | 耐 SO2 试验 |
| 硫酸钠（AR） | 南京化学试剂厂 | 耐盐试验 |
| 真空硅酯 | 中国石化润滑油公司 | 脱模剂 |

（2）环氧灌浆液的配比和配制

①爱牢达 XH160A/B 配制：按厂家推荐的比例 XH160A ∶ XH160B=100 ∶ 30 重量比，分别称量于 250 毫升一次性塑料杯中，将 XH160B 缓慢倒入到 XH160A 中，搅拌均匀备用。

②爱牢达 XH160A/B/C 配制：为改善爱牢达 XH160A/B 产品的韧性，在产品中外加增韧剂邻苯二甲酸二丁酯进行试验，加入量为 A 组分（环氧树脂）的 10%，即按 XH160A ∶ XH160B ∶邻苯二甲酸二丁酯 =100 ∶ 30 ∶ 10 重量比，分别称量于 250 毫升一次性塑料杯中，将邻苯二甲酸二丁酯倒入到 XH160A 中，搅拌均匀后再加入 XH160B，搅拌均匀备用，该材料编号用 XH160A/B/C 表示。

③环氧—糠醛—丙酮灌浆液配制：按业内推荐的比例，环氧∶丙酮∶糠醛∶二乙烯三胺 =100 ∶ 30 ∶ 30 ∶ 15 重量比，分别称量于 250 毫升一次性塑料杯中，先将糠醛、丙酮混合，然后按其掺量加入环氧树脂中，搅拌均匀，最后加入固化剂。搅拌均匀备用，该材料编号用 HKB 表示。

（3）树脂体的浇注

测定树脂固结体的性能，需制备一定形状和大小的试件，试件用浇注法成型，采用相关规格的金属模具，见图 4-3-1，其中抗压强度的测定按 GB/T 2569-1995《树脂浇铸体压缩性能试验方法》规定，采用 10×10×25 毫米大小；抗拉强度的测定按 GB/T 2568-1995《树脂浇铸体拉伸性能试验方法》规定，采用外形 20×200×5 毫米大小的哑铃形试件。除此之外，为节约材料，老化性能测试还采用 75×10×5 毫米的小哑铃形试件和 63.5×13×5 毫米的小方块试件，75×10×5 毫米的小哑铃形试件用于老化性能

图 4-3-1 浇注模具

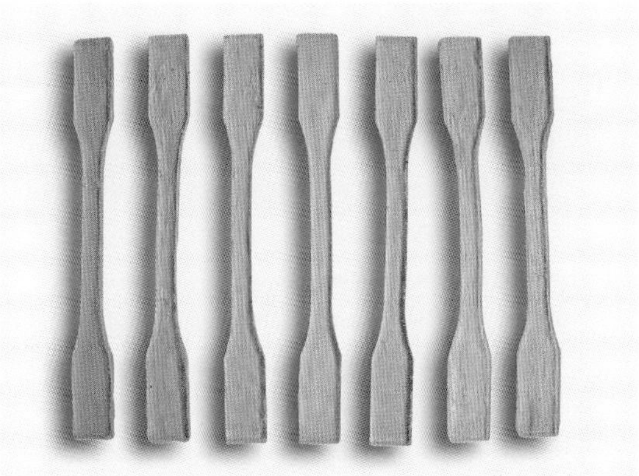

a XH160A/B 抗拉试件
（外形 20×200×5 毫米）

b XH160A/B 抗压试件
（10×10×25 毫米）

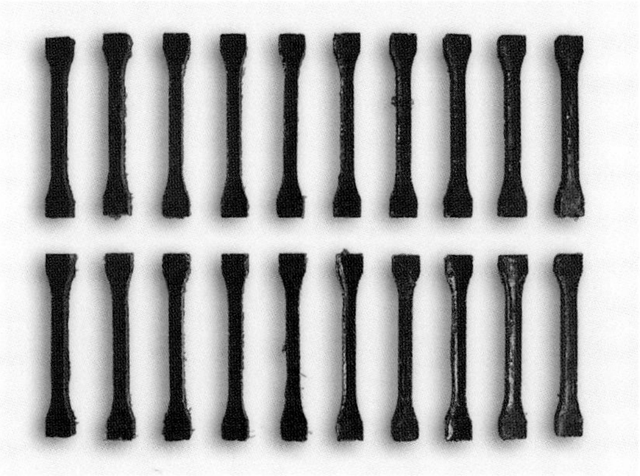

c 环氧—糠醛—丙酮老化性能测试抗拉试件（小）
（75×10×5 毫米）

d 环氧—糠醛—丙酮老化性能测试试件
（63.5×13×5 毫米）

图 4-3-2 环氧树脂浇注试件

抗拉强度的测试，仅用于强度相对比较；63.5 × 13 × 5 毫米的小方块试件用于外观、长度、重量等的测试比较。试件数量按每样每项目 5 块计算。

浇注操作参照 GB/T 2567–1995 《树脂浇铸体性能试验方法》有关规定进行，特别注意采用振动法或真空法赶走浆液中的气泡。成型后的部分试件见图 4–3–2。

4. 环氧树脂灌浆材料的各项性能试验

（1）适用期的测定

适用期（可操作时间）就是指从环氧树脂灌浆材料浆液各组分混合起，用旋转黏度计测定其黏度并开始计时，当黏度到达 200 毫帕秒时，从混合至此时所经历的时间间隔。灌浆操作需将浆液送入到细微裂缝的内部，因此要求材料的黏度必须小。环氧树脂灌浆材料浆液随着时间的增加，黏度不断加大，所以灌浆操作必须在达到一定黏度前完成。

配制环氧树脂灌浆液 20 克 / 样，按 GB/T 2794–1995《胶粘剂黏度的测定》，采用旋转黏度计法测定黏度随时间变化。

仪器：NDJ–1 旋转黏度计，上海衡平仪器仪表厂。

测定室温：25℃

测定结果见图 4–3–3 和表 4–36。

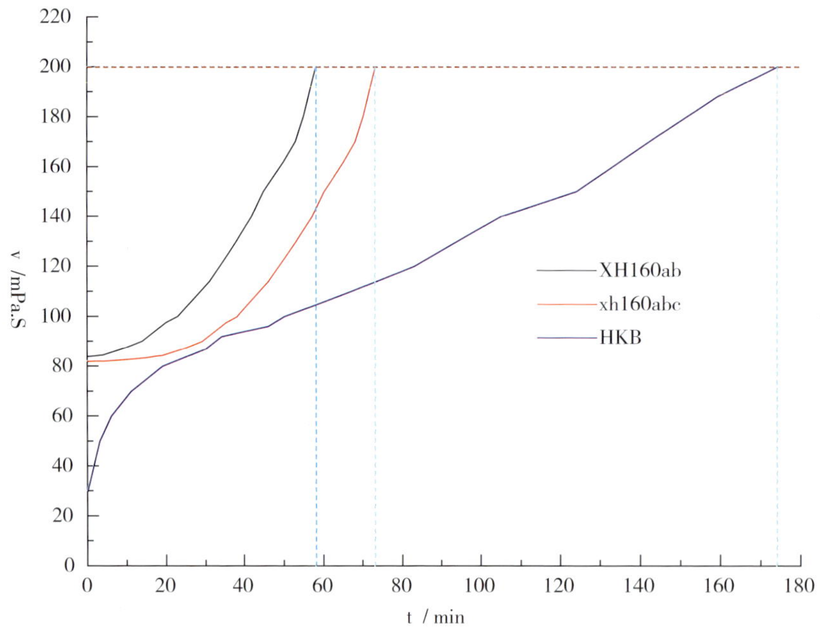


图 4–3–3 浆液黏度与时间的关系曲线（室温 25℃）

表 4–36 浆液起始黏度与适用期 （室温 25℃）

| 材料名称 | 起始黏度（mPa.s） | 可操作时间 （min） |
| --- | --- | --- |
| XH160A/B | 83.8 | 58 |
| XH160A/B/C | 82 | 73 |
| 环氧—糠醛—丙酮（H K B） | 30 | 174 |

由结果可知：在室温 25℃时，XH160A/B 的起始黏度为 83.8 毫帕秒，随着时间缓慢增加，增加速度不断加大，58 分钟时达 200 毫帕秒；加入邻苯二甲酸二丁酯后黏度略有下降，随着时间增加速度开始较平缓，73 分钟时达 200 毫帕秒；环氧—糠醛—丙酮灌浆液起始黏度为 30 毫帕秒，明显低于 XH160A/B，在起始阶段（0 ~ 30 分钟）黏度随着时间迅速增加，大于 30 分钟增速趋缓，呈现线性增加，可操作时间为 174 分钟。

（2）固化放热量与时间的关系

环氧树脂固化时常伴随激烈的放热反应，对灌浆加固质量与施工人员的安全都有影响，放热量的大小可以用温度表征，温度的高低还取决于物料的量、容器的大小及搅拌散热条件等因素，本次工程中测定容器采用 250 毫升一次性塑料杯，浆液质量均为 10 克，浆液各组分搅拌混匀后，立即用精度为 0.1℃的水银温度计测量温度随着时间的变化，测定结果见图 4–3–4。

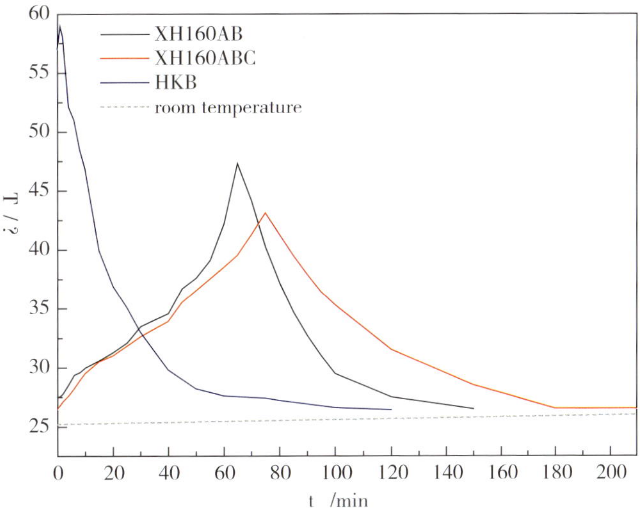


图 4–3–4 浆液温度与固化时间的关系（室温 25℃ ~ 26℃）

XH160A/B 随着固化时间的增加，温度匀速提高，在 50 分钟时迅速增加，65 分钟达最高温度 47.3℃，其后温度又迅速下降；加入邻苯二甲酸二丁酯后，75 分钟达最高温度 43.1℃，其后温度又慢速下降；说明 XH160A/B 开始阶段反应缓慢放热，温度慢速提高，热量累积到一定量时，则迅速反应，放出大量热量，出现一个较尖锐的温度峰，然后不再放热，热量散发，温度下降；加入邻苯二甲酸二丁酯后，反应推迟，曲线略变平缓；而环氧—糠醛—丙酮灌浆液则在混匀的瞬间放出大量热量，温度达到 58℃，然后再冷却，温度下降。

（3）温度对固化时间的影响

本次测定浆液的固化时间用初凝时间和终凝时间表示，初凝时间表示从加入固化剂开始至表面或某局部出现干燥固化的时间，此时表面已干燥，用玻棒可搅起皱纹或一层皮，而内部还没有干燥；终凝时间表示内部和表面均完全固结的时间，此时，用玻棒轻压表面应无压痕，或虽有压痕但移走玻棒后可恢复原判状（弹性体）。由于温度对固化时间影响很大，因此，分别测定了浆液在 5℃、25℃、30℃，40℃和 50℃的固化时间，样品量均为 10 克，容器为 250 毫升一次性塑料杯，不同温度时浆液的固化时间测定结果见表 4–37。

表 4-37 不同温度时浆液的固化时间

| 材料名称 | | XH160A/B | XH160A/B/C | 环氧—糠醛—丙酮 |
|---|---|---|---|---|
| 5℃ | 初凝（h） | 22 | 24 | 360h 未凝 |
| 终凝（h） | 45 | 48 | / | |
| 25℃ | 初凝（h） | 1 | 1.2 | 36 |
| 终凝（h） | 2.5 | 3 | 72 | |
| 30℃ | 初凝（h） | 0.9 | 1.1 | 32 |
| 终凝（h） | 1.1 | 2 | 60 | |
| 40℃ | 初凝（h） | 0.5(爆聚) | 0.5 | 25 |
| 终凝（h） | / | 0.6 | 50 | |
| 50℃ | 初凝（h） | 0.3(爆聚) | 0.4(爆聚) | 20 |
| 终凝（h）) | / | / | 45 | |

结果可知：温度对固化时间有非常大的影响，温度提高，固化时间迅速缩短。XH160A/B 在 5℃时仍能固化，初凝时间为 22 小时，终凝时间与初凝时间间隔为 23 小时；在室温 25℃，则分别为 1 小时和 1.5 小时，而在 40℃，则会发生爆聚，此时终凝时间与初凝时间间隔接近 0 小时；加入邻苯二甲酸二丁酯后，固化时间略推迟；环氧—糠醛—丙酮灌浆液的固化时间最长，大于 25℃约需 2 ~ 3 天，低温时则难固化。因此，可以通过控制温度来调节环氧树脂灌浆液的固化时间，例如：在温度超过 25℃，可以用冰块降温，推迟 XH160A/B 的固化时间，防止出现爆聚；低温时，可以用加热的方法加快环氧—糠醛—丙酮灌浆液的固化。

（4）样品量对固化时间的影响

实验中还发现：在室温 25℃下，当样品量超过一定量时，XH160A/B 浆液也会发生爆聚现象，具体表现是：前期固化温度正常，但到一定时间时，样品突然迅速升温，温度高达 100℃以上，并有青烟冒出，浆液生成多孔固结体或泡沫状疏松的弹性体。爆聚在灌浆加固时十分有害，因此，实验测定了不同样品量对固化时间的影响。

实验条件：室温 25℃，容器为 250 毫升一次性塑料杯。

结果见表 4-38。

表 4-38 样品量对固化时间的影响 （室温 25℃）

| 材料名称 | | XH160A/B |
|---|---|---|
| 10 克 | 初凝（h） | 1 |
| 终凝（h） | 2.5 | |
| 30 克 | 初凝（h） | 0.9 |
| 终凝（h） | 2.5 | |
| 50 克 | 初凝（h） | 0.9h 爆聚 |
| 终凝（h） | / | |
| 100 克 | 初凝（h） | 0.9h 爆聚 |
| 终凝（h） | / | |

可以发现：XH160A/B 样品量增大时，初凝时间略有提前，当样品量超过 50 克时，会发生爆聚，结合上述固化时温度变化的测定，这说明：XH160A/B 中固化剂为潜伏性固化剂，固化前期有一个热量积累过程，当达到一定温度时，迅速聚合，放出大量热量，样品越多，放热量越大，如果容器体积小，开口小，散热速度慢，则会引起温度急剧上升，加速反应的进行，从而引起爆聚。

（5）固化时的体积变化率测定

灌浆加固浆液要求固化时收缩小，不能膨胀，这样在进行缝隙加固时，不会形成空腔，更不会使结构物膨胀破坏。

本次测定采用 25 毫升量筒，浆液质量均为 20 克，浆液各组分搅拌混匀后，立即顺着玻棒倒入量筒中，用真空干燥箱抽真空脱除空气，取出后定时读取体积，固化时体积变化率按下式计算：

$$\text{体积变化率} = \left(\frac{\text{某一时刻体积读数} - \text{起始体积读数}}{\text{起始体积读数}}\right) \times 100\%$$

测定结果见图 4–3–5。

XH160A/B 在 5 ~ 10 分钟间出现较小的体积收缩，收缩率约 0.5%；在 10 ~ 80 分钟间体积稳定；在 80 ~ 120 分钟间出现较大的体积收缩，总收缩率为 2.99%，其后体积进入稳定期；加入邻苯二甲酸二丁酯后，同样在不同的时间段出现体积收缩，分别是 10 ~ 20 分钟和 120 ~ 240 分钟，体积收缩时间推迟，时段加长，收缩率明显加大，达 5.94%；环氧—糠醛—丙酮灌浆液则在起始阶段 0 ~ 60 分钟即轻微收缩，60 ~ 240 分钟稳定，240 ~ 1170 分钟有较大收缩，其后体积稳定，总收缩率为 4.55%。由此可见，不同品种的环氧树脂在固化时，在有些时段体积稳定，有些时段体积收缩，最终趋于稳定，总收缩率有一定的差别见表 4–39。

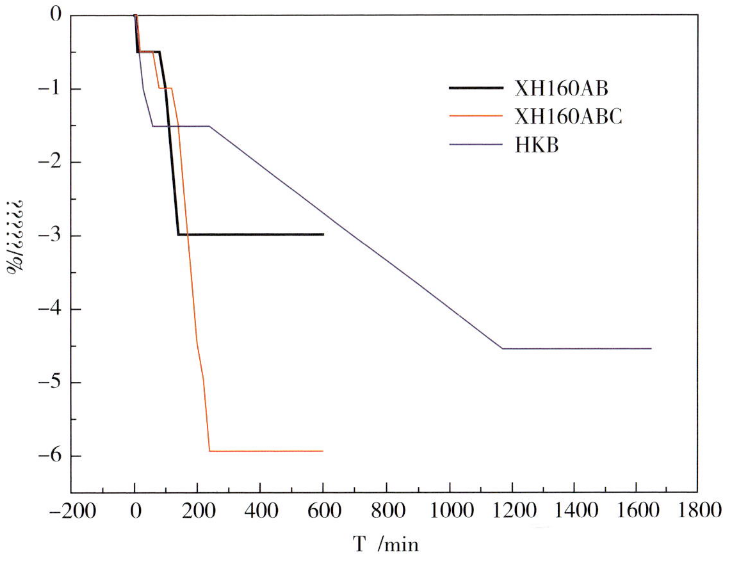


图 4–3–5 固化时间与体积变化率的关系（室温 25℃ ~ 26℃）

表 4-39 环氧树脂固化时体积变化率

| 材料名称 | 体积变化率（%） |
|---|---|
| XH160A/B | 2.99 |
| XH160A/B/C | 5.94 |
| 环氧—糠醛—丙酮（HKB） | 4.55 |

（6）环氧树脂浇注体的外观和密度

采用目视法观察环氧树脂浇注体的外观颜色，用游标卡尺测量小方块试件的尺寸，分析天平称重，计算密度。结果见表 4-40。

表 4-40 环氧树脂浇注体的外观和密度

| 材料名称 | 密度（$g/cm^3$） | 外观 |
|---|---|---|
| XH160A/B | 1.06 | 无色，透明 |
| XH160A/B/C | 1.07 | 无色，透明 |
| 环氧—糠醛—丙酮（HKB） | 1.09 | 深褐色，少量透光。 |

由此可见，环氧树脂浇注体的密度均比水略大，XH160A/B 为无色透明的固结体，环氧—糠醛—丙酮（HKB）为深褐色的固结体，在石质文物加固中，无色或浅色的材料，有利于防止少量的渗出物对文物外观颜色的影响。

（7）抗压强度和压缩模量的测定

按 GB/T 2569-1995《树脂浇铸体压缩试验方法》进行。

试验仪器：WDW-100 型电子万能材料试验机，中科院长春试验机研究所生产。

加压速率：5 毫米 / 分钟，各种龄期的抗压强度和压缩模量见表 4-41。

表 4-41 树脂浇铸体的抗压强度和压缩模量测定结果

| 材料名称 | 3 天 | | 14 天 | | 21 天 | |
|---|---|---|---|---|---|---|
| | 抗压强度（MPa） | 压缩模量（MPa） | 抗压强度（MPa） | 压缩模量（MPa） | 抗压强度（MPa） | 压缩模量（MPa） |
| XH160A/B | 50.36 | 2098 | 75.14 | 2351 | 94.48 | 2599 |
| XH160A/B/C | 10.42 | 308.9 | 20.94 | 585 | | |
| HKB | / | / | 9.73 | 10.71 | 42.48 | 13.4 |

由结果可知：XH160A/B 固化后，抗压强度迅速增加，3 天为 50.36 兆帕，达到 21 天强度的 53.3%，14 天为 75.14 兆帕，达到 21 天强度的 79.5%，21 天为 94.48 兆帕，压缩模量为 2599 兆帕。XH160A/B 在固化后即具有较大的弹性模量。加入邻苯二甲酸二丁酯后，同期抗压强度明显下降，压缩模量大幅度下降，这表明，邻苯二甲酸二丁酯的加入提高了树脂浇铸体的韧性，但同时造成抗压强度的大幅下降，施工时在满足加固强度要求的基础上，可适量加入增韧剂以改善爱牢达 XH160A/B 产品的韧性。环氧—糠醛—丙酮 3 天还未完全固化， 14 天抗压强度为 9.73 兆帕，为 21 天强度的 22.9%，21 天抗压强度为 42.48 兆帕，压缩模量为 13.4 兆帕，表明环氧—糠醛—丙酮具有良好的韧性，但早期强度低，后期强度提高较大。

图 4-3-6 为环氧树脂浇注体试件的 21 天压缩应力 - 应变曲线，从图中可知：环氧—糠醛—丙酮试件压缩变形比 XH160A/B 和 XH160A/B/C 明显大。

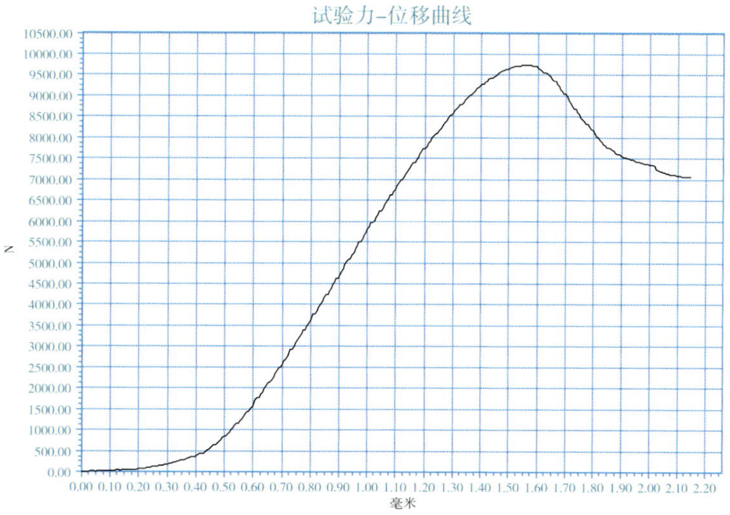


a XH160A/B

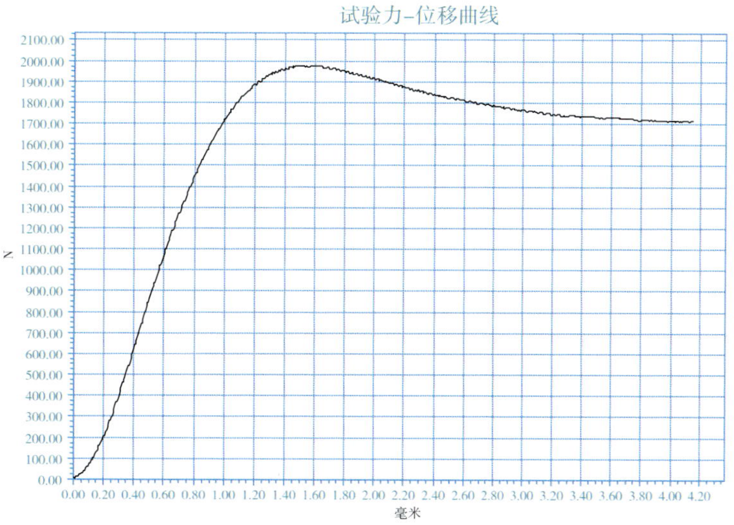


b XH160A/B/C

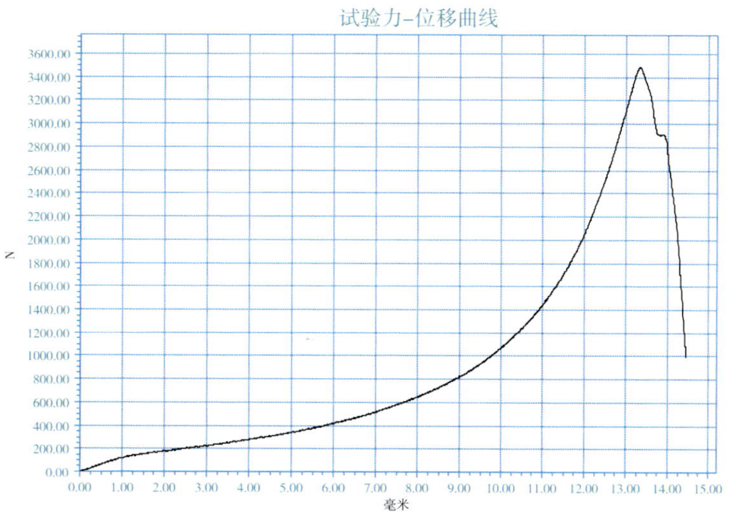


c 环氧—糠醛—丙酮

图 4–3–6 环氧树脂浇注体试件的压缩应力 – 应变曲线（21 天）

（8）抗拉强度的测定

按 GB/T 2568–1995《树脂浇铸体拉伸性能试验方法》进行。

试验仪器：WDW–100 型电子万能材料试验机，中科院长春试验机研究所。

试验速率：2 毫米 / 分钟，各种龄期的抗拉强度见表 4–42。

表 4–42 树脂浇铸体的抗拉强度测定结果

| 材料名称 | 3 天抗拉强度（MPa） | 14 天抗拉强度（MPa） | 21 天抗拉强度（MPa） |
|---|---|---|---|
| XH160A/B | 11.87 | 14.38 | 18.51 |
| XH160A/B/C | 5.52 | 10.15 | |
| HKB | / | 2.2 | 5.96 |

由结果可知：XH160A/B 固化后，抗拉强度迅速增加，3 天为 11.87 兆帕，达到 21 天强度的 64.1%，14 天为 14.38 兆帕，达到 21 天强度的 77.7%，21 天为 18.51 兆帕；加入邻苯二甲酸二丁酯后同期抗拉强度下降，特别是早期下降大。环氧—糠醛—丙酮 14 天为 2.2 兆帕，21 天为 5.96 兆帕，抗拉强度比 XH160A/B 低 12.55 兆帕。

图 4–3–7 为环氧树脂浇注体试件的抗拉应力应变曲线，从图中可知：XH160A/B 抗拉弹性模量大，拉伸过程中强度随位移成线性迅速增加，断裂时位移量为 0.5 毫米；加入邻苯二甲酸二丁酯后的试件，在屈服后仍能维持较长时间不断，表明韧性很好，断裂位移量为 81.6 毫米（14 天）；环氧—糠醛—丙酮试件在拉伸过程中弹性模量随位移不断减少，断裂位移量为 27.5 毫米。

（9）粘接强度的测定

粘接强度表明树脂与石质文物粘接力的大小，本次试验采用 12×12×50 毫米石灰岩试件，试件的物理性能见表 4–43，干粘接采用烘干后冷却的试件，湿粘接是将试件浸泡在水中 24 小时，擦去表面游离水后立即使用，分别表征在干燥和潮湿条件下树脂与石质文物的粘接力。将两试件 12×12 毫米端面用环氧树脂浆液粘接在一起，粘接层浆液厚度控制在 1 毫米，空气中固化 21 天测定抗拉强度。

试验仪器同前，粘接强度见表 4–44。

表 4–43 石灰岩试件的物理性能

| 材料 | 外观 | 干燥压缩强度（MPa） | 干燥拉伸强度（MPa） | 吸水率（△W/W%） |
|---|---|---|---|---|
| 石灰岩试件 | 呈灰白色，表面有纹理 | 33.52 | 4.18 | 5.90 |

表 4–44 环氧树脂与石材粘接强度

| 材料名称 | 干粘接强度（MPa） | 湿粘接强度（MPa） |
|---|---|---|
| XH160A/B | >4.18(石材本体断裂) | >4.18(石材本体断裂) |
| HKB | >4.18(石材本体断裂) | >4.18(石材本体断裂) |

由结果可知：无论是干粘接还是湿粘接，测定粘接强度时均在石材本体断裂，而不在粘接层断裂，说明粘接强度大于石材本身抗拉强度。进一步的试验应选用高强度的石材进行具体数值测定。

（10）掺加石粉试件的强度测定

在环氧树脂浆液灌浆加固修复中，对于较大的裂缝，为节省灌浆材料，提高强度，常采用在浆液中加入固体集料的方法，对于石质文物的修复，是在浆液中加入石粉进行加固，为测定掺入石粉后固结体的性能，石粉采用前述石灰岩，磨细并通过 100 目方孔筛。按环氧树脂浆液：石粉 =2 ：1 的重量比，

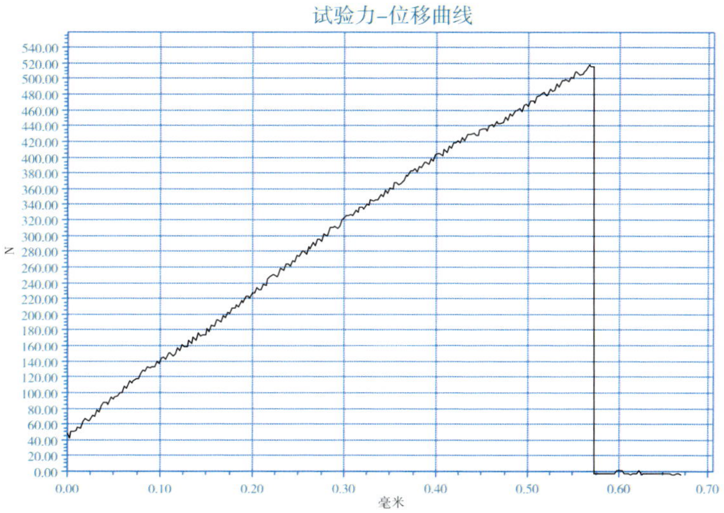


a XH160A/B（21 天）

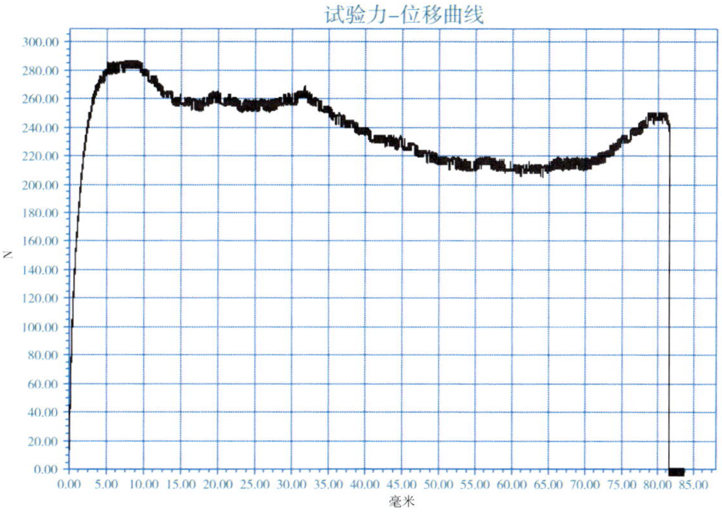


b XH160A/B/C（14 天）

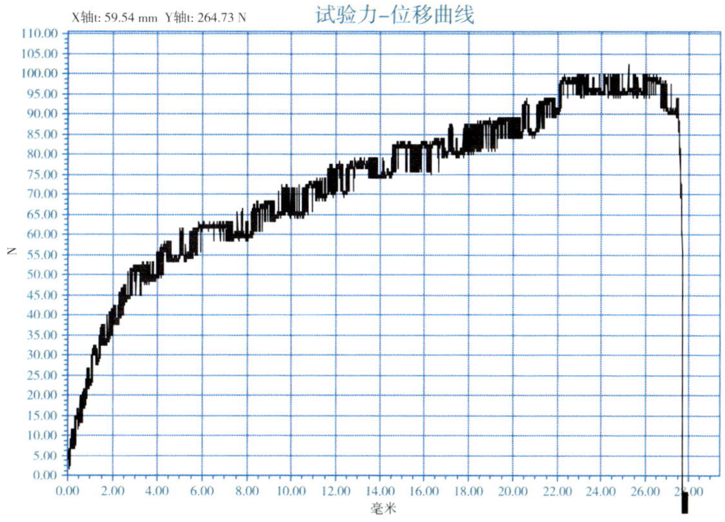


c 环氧—糠醛—丙酮（21 天）

图 4-3-7 环氧树脂浇注体试件的抗拉应力－应变曲线

加入石粉搅拌均匀后成型。

有关性能试验方法同前，结果见表 4–45。

表 4–45 环氧树脂浆液中掺加石粉试件的强度

| 材料名称 | 14 天 | | | 21 天 | | |
|---|---|---|---|---|---|---|
| | 抗压强度（MPa） | 压缩模量（MPa） | 抗拉强度（MPa） | 抗压强度（MPa） | 压缩模量（MPa） | 抗拉强度（MPa） |
| XH160A/B+石粉（2:1） | 66.2 | 2843 | 14.63 | 81.76 | 3296 | 18.00 |
| HKB+ 石粉（2:1） | 22.94 | 139.4 | 5.03 | 47.82 | 1550 | 7.92 |

加入石粉后，XH160A/B 抗压和抗拉强度略有下降，压缩模量提高。环氧—糠醛—丙酮试件抗压和抗拉强度均明显提高，压缩模量提高。

（11）耐酸性能

耐酸性试验方法是将试块浸入 25% 盐酸溶液中，保持 50℃恒温 24 小时。随后用水冲洗，在空气中晒干后，观察外观变化，测定长度变化，重量损失和强度变化。结果见表 4–46。

表 4–46 耐酸性试验结果

| 材料名称 | 外观变化 | 长度变化 | 重量变化 | 抗拉强度变化 |
|---|---|---|---|---|
| XH160A/B | 略变黄 | 0.0% | 0.00% | –13.4% |
| HKB | 加深为黑色 | –1.3% | 0.50% | 23.5% |

由结果可知：在 50℃时，经 25% 盐酸溶液浸泡 24 小时后，XH160A/B 和环氧—糠醛—丙酮试件的颜色均有变化，XH160A/B 抗拉强度下降，HKB 抗拉强度提高，其中环氧—糠醛—丙酮试件收缩，重量增加，可能在 50℃强酸性溶液浸泡后，树脂与与盐酸发生反应，有物质交换。尽管条件严酷，但变化值不大，因此，两者均具有较好的耐酸性，环氧—糠醛—丙酮的耐酸性比 XH160A/B 略差。

（12）耐碱性能

将试块浸入 25%NaOH 溶液中，保持 50℃恒温 24 小时。随后用水冲洗，在空气中晒干后，观察外观变化，测定长度、重量和强度变化，分别用变化百分比表示。结果见表 4–47。

表 4–47 耐碱性试验结果

| 材料名称 | 外观变化 | 长度变化 | 重量变化 | 抗拉强度变化 |
|---|---|---|---|---|
| XH160A/B | 不变 | 0.0% | –0.32% | –15.8% |
| HKB | 不变 | –0.8% | –2.09% | –30.6% |

由结果可知：在 50℃时，经 25%NaOH 溶液浸泡 24 小时后，XH160A/B 和环氧—糠醛—丙酮试件的颜色不变，抗拉强度和重量下降，其中环氧—糠醛—丙酮试件长度收缩，重量和抗拉强度下降值比 XH160A/B 大，因此，环氧—糠醛—丙酮的耐碱性比 XH160A/B 差。

（13）耐热性能

将试块在 100℃恒温 24 小时，趁热测定长度变化，观察外观变化，冷却后测定重量，分别用变化百分比表示。结果见表 4–48。

表 4-48 耐热性试验结果

| 材料名称 | 外观变化 | 长度变化 | 重量变化 |
|---|---|---|---|
| XH160A/B | 变软，泛黄色 | 0.82% | -1.55% |
| HKB | 变硬，颜色加深 | -0.93% | -4.71% |

由结果可知：在 100℃热老化后，XH160A/B 和环氧—糠醛—丙酮试件的颜色加深，重量下降，其中 XH160A/B 试件变软、伸长，而环氧—糠醛—丙酮变硬、收缩，在 100℃时，两者长度变化较大，其中，环氧—糠醛—丙酮的耐热性比 XH160A/B 略差。

（14）耐高低温试验

将样块在 -10℃冷冻 12 个小时，再于 50℃烘箱中烘干 12 个小时，记录样块外观变化情况，反复进行 10 个循环后，取出测定长度、重量和强度变化。试验结果见表 4-49。

表 4-49 耐高低温试验结果

| 材料名称 | 外观变化 | 长度变化 | 重量变化 | 抗拉强度变化 |
|---|---|---|---|---|
| XH160A/B | 不变 | 0.0% | -0.37% | -0.2% |
| HKB | 不变 | 0.0% | -0.65% | -5.3% |

由结果可知：经冷热交变老化后，环氧—糠醛—丙酮试件的重量和抗拉强度比 XH160A/B 降低略大。

（15）耐盐浸蚀

耐盐浸蚀试验是将试块浸泡在盐的饱和溶液中，经过一定时间后取出，烘干后再次浸泡，按此周期反复循环，由于盐溶液通过孔隙侵入内部，试块烘干后盐结晶产生较大压力，从而观察破坏出现的时间和程度，能够比较试块的耐盐浸蚀能力。本次试验采用硫酸钠（$Na_2SO_4$）饱和溶液。具体操作为：将试块用饱和硫酸钠溶液浸泡 12 小时，在 50℃下烘干 10 小时，冷却 2 小时后，再浸泡 12 小时，烘干 10 小时，如此循环，共进行 10 个循环。试块变化情况见表 4-50。

表 4-50 耐盐浸蚀试验结果

| 材料名称 | 外观变化 | 长度变化 | 重量变化 | 抗拉强度变化 |
|---|---|---|---|---|
| XH160A/B | 不变 | 0.0% | -0.11% | -0.2% |
| HKB | 不变 | -1.2% | -0.18& | -2.8% |

结果表明：经盐浸蚀老化后，两者变化均不大，其中环氧—糠醛—丙酮试件的重量和抗拉强度比 XH160A/B 降低略大。

（16）耐二氧化硫试验

本实验为测试试件抗大气中二氧化硫等酸性气体侵蚀的能力而设置。将亚硫酸氢钠饱和溶液放在干燥器下层，试块放在干燥器上层，亚硫酸氢钠分解产生二氧化硫气体，试块在这样的浓二氧化硫氛围里放置一定时间，观察破坏情况。本次试验每组 5 块，试验时间为 240 小时。结果见表 4-51。

表 4-51 耐二氧化硫试验结果（240h）

| 材料名称 | 外观变化 | 长度变化 | 重量变化 | 抗拉强度变化 |
|---|---|---|---|---|
| XH160A/B | 不变 | 0.0% | 0.14% | -0.8% |
| HKB | 不变 | -0.8% | 0.52% | -5.4% |

在二氧化硫氛围中，两者重量均增加，其中环氧—糠醛—丙酮试件的重量比 XH160A/B 增加略大。

（17）环氧树脂灌浆材料性能试验小结

主要性能汇总对比见表 4–52。

表 4–52 主要性能试验结果

| 试验项目 | | XH160A/B | XH160A/B/C | 环氧—糠醛—丙酮 |
|---|---|---|---|---|
| 起始黏度（mPa..s） | | 83.8 | 82 | 30 |
| 可操作时间 （min） | | 58 | 73 | 174 |
| 固化时间（h） | 初凝 | 1 | 1.2 | 36 |
| | 终凝 | 2.5 | 3 | 72 |
| 固结体外观 | | 无色透明 | 无色透明 | 深褐色，少量透光 |
| 固结体密度 | | 1.06 | 1.07 | 1.09 |
| 体积收缩率（%） | | 2.99 | 5.94 | 4.55 |
| 抗压强度，21 天（MPa） | | 94.48 | | 42.48 |
| 压缩模量，21 天（MPa） | | 2599 | | 13.4 |
| 抗拉强度，21 天（MPa） | | 18.51 | | 5.96 |
| 粘接强度（石材 – 石材）（MPa） | | >4.18 | / | >4.18 |
| 耐酸性，重量变化（25%HCl，50℃，24 h） | | 0.00% | / | 0.50% |
| 耐碱性，重量变化（25%NaOH，50℃，24 h） | | –0.32% | / | –2.09% |
| 耐盐性，重量变化(饱和 Na2SO4) | | –0.11% | / | –0.18% |
| 耐 SO2 性，重量变化 | | 0.14% | / | 0.52% |
| 耐热性(重量变化) | | –1.55% | / | –4.71% |
| 耐高低温冲击(重量变化) | | –0.37% | / | –0.65% |

由结果可知：作为灌浆加固材料，XH160A/B 基本性能和耐老化性能明显优于环氧—糠醛—丙酮，同时，根据试验结果，在使用 XH160A/B 时，必须注意以下两点。

①在温度超过 25℃，样品量大，容器散热不良时，XH160A/B 可能会出现爆聚，给施工质量和安全带来问题，因此，要采取适当方法，建议可以用冰块降温，减少一次性拌和量，增加容器散热，在固化前尽早完成灌浆等措施，防止出现爆聚。

② XH160A/B 的弹性模量大，脆性大，为改善韧性，在强度满足的条件下，可加入少量增韧剂邻苯二甲酸二丁酯，加入量不超过 XH160A 中 A 组分（环氧树脂）的 10%，加入量过大，尽管韧性提高，但强度会大幅下降，体积收缩率增加。

**（三）硅酮胶的选定与性能测定**

硅酮胶用于灌浆施工前，石质文物缝隙的封堵，要求密封性能好，粘接性能好，同时，具有良好的耐老化性能。试验选用道康宁 791 型耐候硅酮胶（灰色），这是世界知名的硅酮胶生产企业美国道康宁公司生产的一种硅酮建筑耐候密封胶，是为通用耐候密封而设计的单组分、中模量的弹性密封胶，该有机硅配方固化可形成柔软的接头密封，用于玻璃幕墙、铝塑板幕墙、石材幕墙填缝。对多种基材有良好的粘接力，对气候变化适应强。

1. 产品主要标示性能

产品标示性能见表 4–53。

表 4-53 道康宁 791 型耐候硅酮胶的性能

| 项 目 | 数 值 |
|---|---|
| 25℃的密度 | 1.52（g / cm） |
| 位移能力 | -50 % to 50 % |
| 室温固化时间 | 7 天 to 14 天 |
| 适用期 | 15 分钟 |
| 工作温度（低） | -50 ℃ |
| 工作温度（高） | 150 ℃ |
| 施工温度范围 | -25 ℃ to 50℃ |
| 有机挥发物含量 | 46 g/L |
| 流动 / 流挂（重陷） | 0 mm |
| 硬度 | 30（邵氏硬度 A） |
| 表干时间（50% 相对湿度） | 35 分钟 |
| 弹性恢复率 | >90% |
| 伸长 25% 抗拉强度 | 0.30 MPa |
| 伸长 25% 抗拉模量 | 40Pa |
| 伸长 50% 抗拉强度 | 0.35 MPa |
| 伸长 50% 抗拉模量 | 60Pa |
| 伸长 100% 抗拉强度 | 0.40 MPa |
| 伸长 100% 抗拉模量 | 70Pa |
| 极限抗拉强度 | 0.75 MPa |
| 极限抗拉模量 | 120Pa |
| 极限伸长率 | 460% |

2. 硅酮胶强度测定

对部分主要性能进行实际测定，测定试件为 75 × 10 × 5 毫米的小哑铃形试件，成型后室温 25 ℃，养护 21 天。试验仪器同前，试验速度为 50 毫米 / 分钟，硅酮胶的抗拉应力应变曲线见图，伸长率与抗拉强度曲线见图 4-3-8、图 4-3-9 和表 4-54。

表 4-54 硅酮胶实测有关性能（25 ℃，养护 21 天）

| 项目名称 | 数值 |
|---|---|
| 伸长 10% 时抗拉强度（MPa） | 0.05 |
| 伸长 25% 时抗拉强度（MPa） | 0.11 |
| 伸长 50% 时抗拉强度（MPa） | 0.19 |
| 伸长 100% 时抗拉强度（MPa） | 0.30 |
| 伸长 200% 时抗拉强度（MPa） | 0.46 |
| 伸长 300% 时抗拉强度（MPa） | 0.56 |
| 伸长 400% 时抗拉强度（MPa） | 0.70 |
| 极限（断裂）抗拉强度（MPa） | 0.74 |

| | |
|---|---|
| 极限（断裂）伸长率 | 440% |
| 极限（断裂）弹性回复率 | 95% |

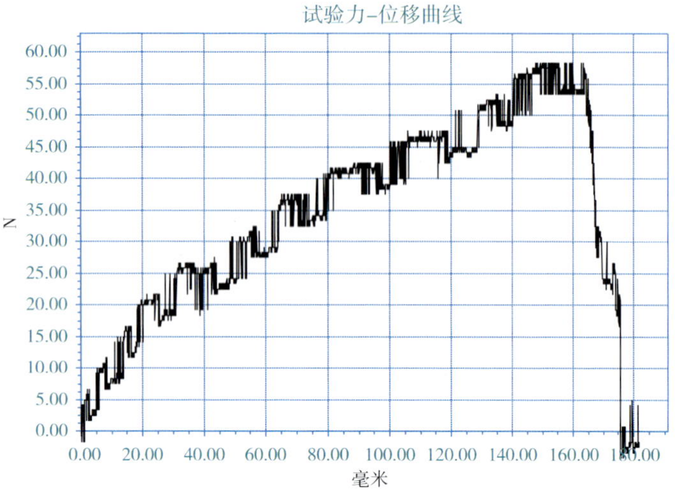

图 4–3–8 硅酮胶抗拉应力 – 应变曲线

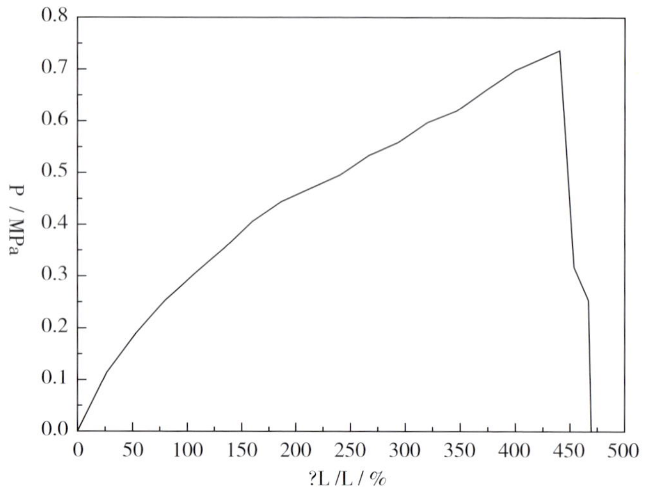

图 4–3–9 硅酮胶伸长率与抗拉强度曲线

由结果可知，早期抗拉强度低于标示值，其他实际测定值与标示值接近。

3. 硅酮胶中掺加石粉试件的强度测定

在灌浆加固中，对于较大的裂缝，为节省封缝材料，提高强度，同样采用在硅酮胶加入固体集料的方法，对于石质文物的修复，是在硅酮胶中加入石粉，为测定掺入石粉后固结体的性能，按硅酮胶：石粉 =2 ：1 的重量比加入石粉，搅拌均匀后成型，石粉采用石灰岩磨细并通过 100 目方孔筛。

有关性能试验方法同前，结果见表 4–55。

表 4–55 硅酮胶中掺加石粉试件的强度

| 材料名称 | 14 天 | | | 21 天 | | |
|---|---|---|---|---|---|---|
| | 抗压强度( MPa ) | 压缩模量( MPa ) | 抗拉强度( MPa ) | 抗压强度( MPa ) | 压缩模量( MPa ) | 抗拉强度( MPa ) |
| 硅酮胶 + 石粉 | 4.97 | 13.75 | 0.47 | 5.91 | 17.92 | 0.74 |

4. 粘接强度的测定

粘接强度试验方法同前，粘接层胶液厚度为 1 毫米，空气中固化 21 天测定抗拉强度。

试验仪器同前，粘接强度见表 4–56。

表 4–56 硅酮胶与石材粘接强度

| 材料名称 | 干粘接强度（MPa） | 湿粘接强度（MPa） |
|---|---|---|
| 791 道康宁硅酮胶 | 0.71 | 0.52 |

5. 耐老化性能试验结果

791 型硅酮胶的试件采用 63.5 × 13 × 5 毫米的小方块试件，样品挤注到模具中，赶除气泡后表面抹平，48 小时脱模，空气中养护 21 天后，进行各项老化性能测试，每样 5 块，老化试验方法同前，分别测试在酸、碱、盐、SO2 气体介质中老化性能及热老化、高低温冲击时的性能变化，用外观、长度和重量变化来表征老化性能。结果见表 4–57。

表 4-57 耐老化性能试验结果

| 试验项目 | 试验介质和条件 | 外观变化 | 长度变化 | 重量变化 |
|---|---|---|---|---|
| 耐酸性 | 5%HCI，50℃，24h. | 无变化 | 0.0% | 0.28% |
| | 25%HCI,50℃，24h. | 黄色松软发泡体 | 2.5% | 25.81% |
| 耐碱性 | 5%NaOH, 50℃，24h. | 无变化 | 0.0% | -0.87% |
| | 25%NaOH,50℃，24h. | 颜色不变，有碎末脱落 | -0.6% | -2.69% |
| 耐盐性 | 饱和 Na2SO4，室温下浸泡 12h，50℃烘干 12h 为 1 个循环，共 10 个循环 | 无变化 | 0.0% | -0.23% |
| 耐 $SO_2$ 性 | 饱和亚硫酸氢钠，25℃ | 颜色略变深，表层变硬 | 0.0% | 2.54% |
| | 240h | | | |
| 耐热性 | 100℃，24h | 无变化 | 0.0% | -0.32% |
| 耐高低温冲击 | -10℃ 12h，50℃ 12h 为 1 个循环，共 10 个循环 | 无变化 | 0.0% | -0.05% |

由结果可知，791 型硅酮胶具有良好的耐热、耐高低温冲击性能，50℃时，在 5%HCI、5%NaOH 和饱和 $Na_2SO_4$ 中浸泡均无明显变化，但在 25%HCI 和浓 $SO_2$ 中，能发生明显变化，参与反应生成新的产物，颜色改变，重量增加。

**（四）碳纤维绳力学试验**

碳纤维绳相关性能测试是参照《GB 8834-88 绳索有关物理和机械性能的测定》和《GB /T 3362-2005 碳纤维复丝拉伸性能试验方法》测定有关性能，拉伸速率为 2 毫米 / 分钟 . 结果：拉伸强度 3.37 千牛顿、断裂伸长率 16.0%。结果见表 4-58；图 4-3-10、图 4-3-11。

表 4-58 碳纤维绳的物理性能

| 材料 | 外观 | 直径（mm） | 捻距（mm） | 线密度（g / m） | 断裂伸长率（%） | 拉伸强度 KN |
|---|---|---|---|---|---|---|
| 碳纤维绳 | 黑色 | 4.0 | 24.5 | 12.47 | 16. | 3.37 |

## 二、材料的性能分析

**（一）表层裂隙灌浆材料性能分析**

本次工程对几种裂隙灌浆材料分别做了试验进行对比，试验过程如下。线密度（g/m）

1. 环氧树脂胶泥

试验区位于和经幢岩体岩性相似的山体石灰岩表面上，面积 15 厘米 ×20 厘米。由于面积小，裂隙窄，使用 XH111A（双酚 A 改性环氧胶粘剂）与 XH111 B 以 10 ∶ 3 比例混合的环氧树脂胶泥填补裂隙，起到固结作用，防止岩片剥落。

操作时用竹刀或手术刀填补胶泥在裂隙内部。以裂隙外沿为边界，胶泥不要填补到裂隙外或壁面上。

图 4-3-10 试验样品

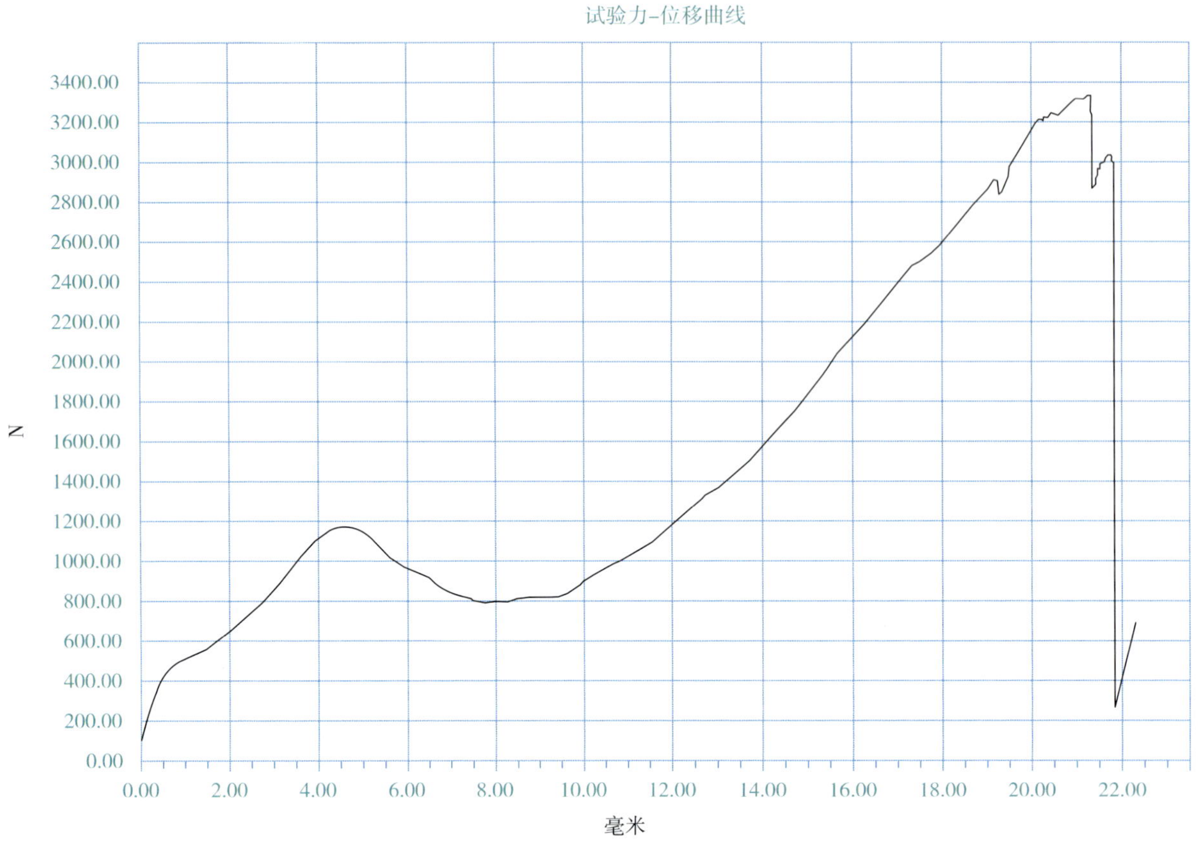


图 4-3-11 试验力——位移曲线

2.BYN602B 高强度硅酮结构胶粘剂和 BYN602C 双组分室温固化硅酮腻子

试验采用的气动注胶枪对较宽的缝隙注胶，挤入宽度估计在 3 毫米以上，用“牙膏管”挤注嵌填微小裂缝，使用灵活方便，胶量及压力都能有效控制，能有效防止施胶时对非病害岩画的污染，整形后的状态与周边区域基本协调。

经过试验效果比对，选择使用环氧树脂胶泥和爱牢达环氧树脂作为裂隙封堵和灌浆材料在经幢底部岩石裂隙上进行小面积试验。试验过程如下。

3. 现场表层裂隙灌浆试验

（1）试验目的

经过现场调查以及经幢开裂的病害特点，采用有针对性的保护材料和相应的施工工艺手段，进行现场试验，为保护方案制定提供技术依据。

（2）试验区选择

试验区位于北经幢西面靠近地面的地方，面积 15 厘米 ×20 厘米（图 4-3-12）。

（3）试验方法

使用环氧树脂胶泥填补裂隙外围，再采用低黏度环氧树脂灌浆，起到固结作用。最后在裂隙外填补水硬石灰，保护内部环氧胶泥和环氧树脂不受雨水和阳光的侵蚀，增加使用寿命，同时还能改善外观。

（4）试验过程

①用清水冲洗裂隙内部，彻底清除泥土等污物，并彻底干燥裂隙的内外表面。

图 4-3-12 试验区（红色框内为岩石开裂区，裂隙开口在上边）

②使用环氧树脂胶泥封闭填补裂隙四周，并预留好灌浆孔。操作时用竹刀或手术刀填补胶泥在裂隙内部。以裂隙外沿为边界，胶泥不要填补到裂隙外或壁面上。环氧胶泥使用 vantico 爱牢达环氧树脂胶泥 XH111A Normal CI（双酚 A 改性环氧胶泥）与 XH111 B Normal 固化剂（三甲基六亚甲基二胺）以 2 ∶ 1 比例混合。

③待环氧胶泥完全固化后（24 小时）使用注射器将灌浆材料注入灌浆孔。由于裂隙较短，共使用 50 毫升环氧树脂。灌浆材料使用 vantico 爱牢达环氧树脂，XH160A（双酚 A —环氧氯丙烷树脂）和 XH160 B（三甲基六亚甲基二胺），使用比例是 10 ∶ 3。

④待环氧树脂灌浆液固化后（24 小时）再用水硬石灰对外部的缝隙再次填补。

（5）试验效果评估

经过灌浆处理，由于裂隙造成的开裂区已经完全被环氧树脂粘接牢固，外观上水硬石灰颜色和灰岩表面相比有些白，经过表面做旧处理效果应当更好。处理前后对比见图 4-3-13、图 4-3-14。

**（二）岩石开裂的灌浆粘接加固材料性能分析**

通过室内外试验以及各种指标的测试比对，选择出一种最好的材料应用于经幢岩体灌浆粘接加固材料，试验过程如下。

1. 改性环氧树脂灌浆

选择野外一处石灰岩地区做试验，面积 75 厘米 ×30 厘米。使用环氧树脂胶泥封闭填补裂隙，并预留三个灌浆孔。24 小时后待胶泥完全固化后灌浆，分三次进行，第一次由底部的灌浆孔灌入 260 毫升，第二次由裂隙中部的预留灌浆孔灌入 260 毫升，第三次从顶部的孔中灌入 200 毫升。每次之间时间间隔 24 小时。

图 4-3-13 处理前现状

图 4-3-14 处理后效果

灌浆前敲击开裂区域有明显的空鼓，灌浆处理后树脂完全充填在裂隙内，粘接强度得到保证，表面封缝填补用的环氧胶泥颜色和岩石表面十分接近，基本不影响岩石表面的整体外观。

2.BYN1002 环氧灌缝胶和 BYN-113 室温固化硅橡胶灌缝胶

（1）灌浆材料的持久性和应力释放能力试验

对灌浆材料的持久性试验结果表明，在 5 ~ 55 倍负荷的情况下，两种材料都未出现开裂脱落等现象，表明都有较好的耐持久性。应力释放能力强弱用材料断裂破坏时的位移值来表示，位移值越大表示该种材料的应力释放能力越强。灌浆材料的应力释放能力试验结果表明，释放应力的能力 BYN-113 硅酮胶灌浆料大于 BYN1002 环氧树脂灌浆料。

（2）灌浆材料的力学性能测试，如表 4-59 所示。

表 4-59 灌浆料力学性能测试数据表

| 灌浆材料种类 | 粘接强度（MPa） | 断裂伸长率（%） |
|---|---|---|
| BYN1002 环氧树脂 | 3.5 | 8 |
| BYN-113 硅酮胶 | 0.8 | 110 |

通过拉伸强度测试发现，环氧树脂灌浆料的粘接强度要大于硅酮胶灌浆料的粘接强度；而硅酮胶灌浆料的断裂伸长率大于环氧树脂灌浆料的断裂伸长率。

（3）灌浆材料的环境适应性能测试

温度交变适应能力试验后，灌浆材料的力学性能如表 4-60 所示。

表 4-60 温度交变试验后材料力学性能测试表

| 灌浆材料种类 | 粘接强度 /MPa | 粘接强度下降 /% | 断裂伸长率 /% | 断裂伸长率下降 /% |
|---|---|---|---|---|
| BYN1002 环氧树脂 | 2.4 | 31.4 | 7 | 12.5 |
| BYN-113 硅酮胶 | 0.7 | 12.5 | 102 | 7 |

紫外老化试验后，灌浆材料的力学性能如表 4-61 所示。

表 4-61 紫外老化试验后材料力学性能测试表

| 灌浆材料种类 | 粘接强度 /MPa | 粘接强度下降 /% | 断裂伸长率 /% | 断裂伸长率下降 /% |
|---|---|---|---|---|
| BYN1002 环氧树脂 | 2.1 | 40.0 | 6 | 20 |
| BYN — 113 硅酮胶 | 0.7 | 12.0 | 98 | 10.9 |

从表中可以看出温度交变后，环氧及硅酮的力学性能都有所下降，环氧下降幅度比硅酮大；紫外老化试验后，粘接强度及断裂伸长率下降幅度，环氧灌浆料大于硅酮胶灌浆料。

3. 现场岩石开裂灌浆加固试验

（1）改性环氧树脂和 BYN1002 环氧灌缝胶

①用清水冲洗裂隙内部，彻底清除泥土等污物，并要彻底干燥后才能灌浆。

②先用环氧树脂胶泥（XH111A 与 XH111B 以 2 ∶ 1 比例混均匀）封缝，用竹刀或不锈钢片把胶泥填补在裂隙处，封闭裂隙四周，预留好灌浆孔。

③再采用小型注射器无压力灌浆方式进行灌浆，将改性环氧树脂（XH160A 与 XH160B 以 10 ∶ 3 混均匀）或 BYN1002 环氧灌缝胶缓慢灌入。

④如开裂面较大，在裂隙处设立多处灌浆孔，孔距为 15 ~ 20 厘米，保证每次灌浆高度不超过 20 厘米。分步灌浆时必须保证时间间隔 24 小时，在前一次浆液完全固化后进行。

（2）BYN-113 室温固化硅橡胶灌缝胶

①清洁裂缝两侧的岩面：裂缝处污染物主要是尘土，先用擦刷后用空压机吹扫，再用醇类溶剂清洗直至缝口干净。

②埋设注胶管：较宽的裂缝可插入医用输液管（尽量深插）；在间隙细小裂缝的缝口外方对准缝口安放注胶管。用 BYN602B 胶对注胶管和周边岩面进行封固（不堵塞注胶管口），注胶管分布尽量均匀。

③用胶密封裂缝：用气压约 100KPa 的气动胶枪对准裂缝挤注 BYN602B 硅酮胶，并用工具整嵌填胶缝，保证胶层密实。

④颜色处理：当岩面与封边 BYN602B 胶的颜色差异过大时，可对嵌填整形后的封护胶表面做旧处理。

⑤注胶：将气动胶枪注胶嘴插入注胶管，至少以 200KPa 的气压向裂缝内注 BYN-113 硅酮灌浆胶，待临近的第二个注胶管有胶挤出时，封闭第一个注胶管，后对第二注胶管进行压力注胶，依次完成裂缝内注胶。

（3）裂缝缝口处理

裂隙表面填补的水硬石灰为一类无机材料，其固化后的主要成分为碳酸钙，这与经幢的灰岩成分是一样的。使用水硬石灰的目的主要是保护内部的环氧树脂不受阳光和雨水侵蚀，减少环氧树脂的老化，然后对缝口做旧处理，和灰岩达到外观协调。

## 第四节 现场试验与测试

### 一、表面附着物试验

#### （一）植物藻类种类鉴定

梵天寺石经幢表面生长有多种植物，现已经过取样鉴定。

1. 长蒴灰藓

植物体中等，呈羽状分枝，叶片内卷，无明显中肋，叶四周生（图 4–4–1）。

图 4–4–1 长蒴灰藓

2. 湿地葡灯藓

叶呈长卵批针形，有明显中肋，叶尖细胞呈向上放射的羽状排列，叶中细胞接近正方形，平行排列，沿中肋亦有细胞呈放射状排列（图 4–4–2）。

图 4–4–2 湿地葡灯藓

3. 拟灰藓

植物细弱，叶呈两侧对称，叶细胞呈线形，茎枝圆条形，叶片两行排列，不规则分枝（图 4–4–3）。

图 4–4–3 拟灰藓

4. 葫芦藓

植株矮小，丛生，叶片呈短卵状批针形，有明显中肋至叶尖，边缘光滑，细胞近正方形规则排列，整个叶片的细胞排列基本一致（图 4-4-4）。

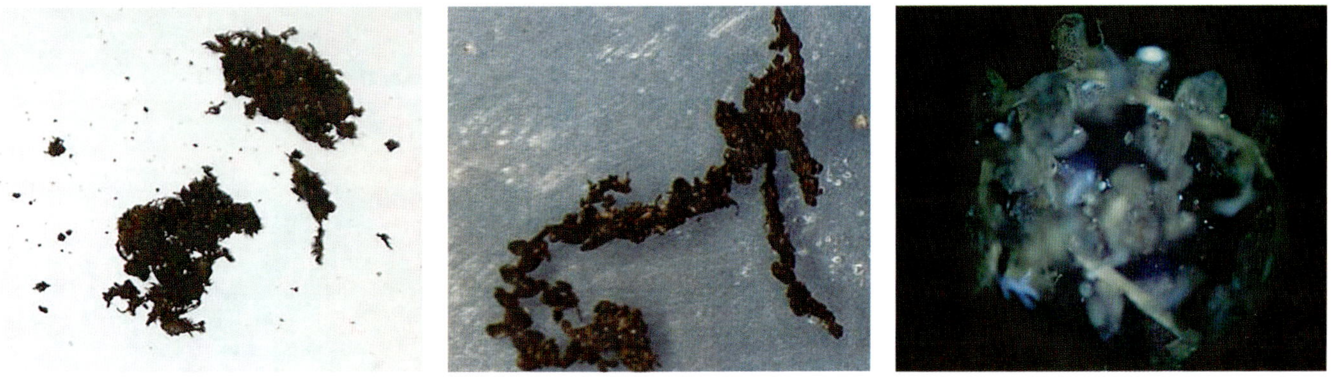

图 4-4-4 葫芦藓

5. 小墙藓

植株矮小，丛生，茎直立，高不足 1 厘米，有 2 ~ 3 个分枝，叶呈小卵状批针形，边缘光滑，细胞呈近正方形，规则排列，蒴果呈纺锤形，两端尖（图 4-4-5）。

图 4-4-5 小墙藓

### （二）黑色覆盖层稳定性试验

经幢表面有不少黑色覆盖物，经过现场取样，实验室 X 衍射分析，发现是带有两份结晶水的硫酸钙（图 4-4-6）。

图 4-4-6 带两份结晶水的硫酸钙

1. 检测结果见图 4–4–7。

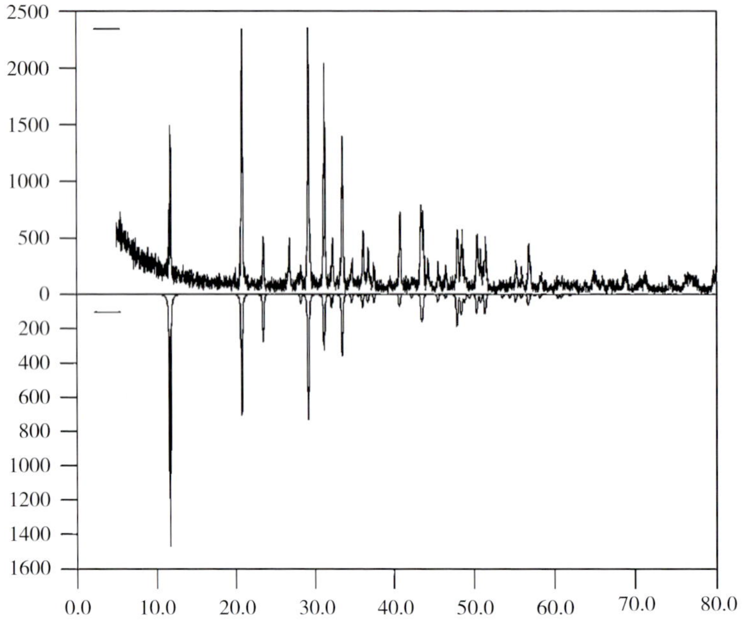


图 4–4–7 经幢表面黑色覆盖物成分及含量

2. 试验方法

（1）耐水试验

将附着石膏层的样块用棉线悬挂在装有蒸馏水的 1000 毫升烧杯中（图 4–4–8），定时观察照相，记录现象。

（2）耐酸试验

将附着石膏层的样块用棉线悬挂在装有 0.05 摩尔 / 升硫酸水溶液的 1000 毫升烧杯中，定时观察照相，记录现象。

（3）冻融试验

将附着石膏层的样块用棉线悬挂在装有蒸馏水的 100 毫升烧杯中，放置于 –10℃冰柜中，24 小时后取出融化，观察照相，记录现象，再次放入冰柜重复试验。

图 4–4–8 试验装置

表 4-62 试验结果

| 时间（天） | 耐水 | 耐酸 | 冻融 |
|---|---|---|---|
| 1 | 较多黑色物脱落 | 轻微鼓泡，较多黑色物脱落（约 50% 脱落） | 少量黑色物脱落 |
| 2 | 少量黑色物脱落 | 少量黑色物脱落（合计约 70% 脱落） | 少量黑色物脱落 |
| 3 | 少量黑色物脱落 | 少量黑色物脱落（合计约 80% 脱落） | 少量黑色物脱落 |
| 4 | 无明显脱落 | 无明显脱落（合计约 80% 脱落） | 少量黑色物脱落 |
| 6 | / | / | 少量黑色物脱落 |
| 8 | / | / | （合计约 80% 脱落） |

试验表明黑色的硫酸钙稳定性不高，但是作为岩石本体的一个风化覆盖物，其对岩石本体是没有危害的。从文物保护的角度来看，工程操作中，黑色硫酸钙不宜去除，如表 4-62 所示。

**（三）表面清洗试验**

本次清洗试验选择经幢底部本体表面上没有文物信息的区域作为试验区。

1. 试验区

选择在北幢南面，面积约为 20 × 15 厘米。

2. 试验药品及用具

试验药品：碳酸铵（NH4NH2CO2+NH4HCO3）。用具：喷水壶、毛刷、尼龙硬毛刷、500 毫升量筒、500 毫升烧杯、50 毫升注射器、聚乙烯薄膜、纸浆、一次性手套、手术刀、木刻刀、天平等。

3. 清洗过程

清洗时采用浸润 8% 碳酸铵溶液的纸浆附在沉积物表面，外面覆盖聚乙烯薄膜防止水份蒸发。为了减少清洗剂在岩石内部的渗透，在铺纸浆前先用水浸透岩石表面。每次处理后都用清水清洗被处理表面。清洗效果见表 4-63；图 4-4-9 ~ 图 4-4-13。

表 4-63 清洗效果描述表

| 次数 | 时间 | 效果描述 |
|---|---|---|
| 第一遍 | 6 小时 | 表面部分黑壳碎裂剥落 |
| 第二遍 | 7 小时 | 黑壳碎裂剥落增加 |
| 第三遍 | 7 小时 | 黑壳清除干净，露出下面的黄色附着物 |

图 4-4-9 清洗前（红框部位为试验区）

图 4-4-10 清洗过程

图 4-4-11 第一遍清洗后

图 4-4-12 第二遍清洗后

4. 试验结果

清洗部位清洗程度很难控制，试验结束后一段时间观测在试验区岩石的颜色和周围岩体有明显的不同。

5. 建议

（1）经幢表面结垢和石膏层的生成，与周围的大气环境有密切的关系，建议首先治理周围环境对经幢的影响因素，然后考虑清洗表面结构和石膏层。

（2）经幢上部刻有精美的题刻，为防止因表面石膏层的去除而损失文物信息，影响经幢的艺术价值，建议本次工程暂时不实施清洗工作。

图 4-4-13 最终清洗效果（黄色沉积物可能是铁锈斑迹）

（3）为确保不损失经幢文物信息，针对经幢不同部位的清洗及清洗程度的研究工作，应作为独立的课题进行研究。

## 二、脱盐试验

石质文物长期受化学污染物的作用，表层含有许多盐分，如氯化物等，会对石质文物产生严重侵蚀，对文物造成危害。脱去石质文物表面的盐分，可以采用水洗法、纸浆法和机械法。受污染程度较轻的石质文物，表面易溶于水的有害盐分可以用蒸馏水洗去；受污染程度较重的石质文物，由于盐分已深入石质文物内部，这时可以在石质文物的表面敷一层纸浆，纸浆上喷洒蒸馏水使其保持湿润，通过石质内部的毛细管，将内部有害盐分缓慢溶出；石质文物表面不溶于水的盐壳层必须用机械方法去除。

本次脱盐小范围试验采用无损排盐灰浆（纯天然纤维制成），将无损排盐灰浆覆于石构件所选区域上，待纸浆完全干燥后将其取下，然后将 10 克干燥纸用 30 克去离子水浸泡后检测该处溶液可溶盐离子浓度（图 4-4-14）。

脱盐样品送实验室检测，检测方法参照 GB 12658-1990《纸浆、纸和纸板中钾、钠含量的测定》进行。

图 4-4-14 技术人员正在做南幢第 22 层短柱、第 24 层宝珠西南脱盐试验

检测结果表明，可溶性盐钠主要成分是钠盐，现场脱盐措施起到了一定的脱盐作用，如表 4-64 所示。

表 4-64 检测结果

| 检测编号 | 样品名称 | K2O（w/w %） | Na2O（w/w %） |
|---|---|---|---|
| 1 | 空白（脱盐前纸浆） | 0.0012 | 0.18 |
| 2 | 南幢 -1 | 0.0014 | 0.36 |
| 3 | 南幢 28 层宝珠东北 | 0.0016 | 0.40 |
| 4 | 北幢 -1 | 0.0020 | 0.30 |
| 5 | 北幢 -2 | 0.0020 | 0.31 |

## 三、封护试验

在石质文物清洗、脱盐后，为防止空气、土壤中有害气体、水等对石质文物的侵蚀，可以进行封护处理。石质文物保护中，表面封护处理是至关重要的一步，它决定了保护的有效性和长久性。现阶段讨论度比较高的封护材料主要有合成高分子和有机硅低聚体两类，但就目前的状况来看，封护材料的研究和试验并没有十分成熟。为确保国保单位梵天寺经幢的安全，避免封护处理所带来的无法预知的影响，此次工程仅对经幢小面积的石构件进行封护试验，希望通过进一步观察来选定合适的封护材料。

封护试验由浙江大学张秉坚教授指导的博士生实施。试验采用了两种封护材料，草酸盐类和磷酸盐类，将这两种封护材料分别喷涂在石构件上（图 4-4-15、图 4-4-16），这两种封护材料透明无色，喷涂在岩石表对岩石本体外观没有明显改变，外观符合文物保护要求。这两种材料对于岩石本体的封护作用还取决于它们在岩石本体内的成长情况。

图 4-4-15 正在喷涂草酸盐类封护

图 4-4-16 正在喷涂磷酸盐类封护剂

## 四、光照度测试

为了进一步研究光照对经幢岩石本体的影响，对南幢不同高度不同方向的光照度进行了一天四个时间段的检测（图 4-4-17）。

图 4-4-17 光照度测试

2009 年 12 月 23 日星期三多云转阴气温：2℃ ~ 14℃

9 : 00 ~ 9 : 30

表 4-65 光照度测试结果

| | 东（lux） | 南（lux） | 西（lux） | 北（lux） |
|---|---|---|---|---|
| 基座 | 14970 | 17150 | 1350 | 720 |
| 幢身 | 6590 | 16620 | 11930 | 940 |
| 腰檐 | 11140 | 12900 | 2360 | 730 |
| 11-1 宝珠 | 15740 | 18410 | 2050 | 680 |
| 8-1 宝珠 | 17040 | ＞20000 | 9110 | 920 |
| 仰莲 | 17740 | ＞20000 | 2440 | 1090 |
| 日月宝珠 | ＞20000 | ＞20000 | ＞20000 | 1220 |

10 : 50 ~ 11 : 10

表 4-66 光照度测试结果

| | 东（lux） | 南（lux） | 西（lux） | 北（lux） |
|---|---|---|---|---|
| 基座 | 4190 | > 20000 | 2270 | 820 |
| 幢身 | 3120 | > 20000 | 2910 | 1140 |
| 腰檐 | 4910 | > 20000 | 6550 | 940 |
| 11-1 宝珠 | 2630 | > 20000 | 2960 | 770 |
| 8-1 宝珠 | 3500 | > 20000 | 2790 | 920 |
| 仰莲 | 3890 | > 20000 | > 20000 | 780 |
| 日月宝珠 | > 20000 | > 20000 | > 20000 | 2710 |

12 : 50 ~ 13 : 10

表 4-67 光照度测试结果

| | 东（lux） | 南（lux） | 西（lux） | 北（lux） |
|---|---|---|---|---|
| 基座 | 19560 | > 20000 | > 20000 | 7180 |
| 幢身 | 16660 | > 20000 | > 20000 | 13390 |
| 腰檐 | > 20000 | > 20000 | > 20000 | 10310 |
| 11-1 宝珠 | > 20000 | > 20000 | > 20000 | 10060 |
| 8-1 宝珠 | > 20000 | > 20000 | > 20000 | 10660 |
| 仰莲 | > 20000 | > 20000 | > 20000 | 11190 |
| 日月宝珠 | > 20000 | > 20000 | > 20000 | > 20000 |

14 : 50 ~ 15 : 10

表 4-68 光照度测试结果

| | 东（lux） | 南（lux） | 西（lux） | 北（lux） |
|---|---|---|---|---|
| 基座 | 7870 | 10440 | 7390 | 3990 |
| 幢身 | 8030 | 10240 | 6490 | 4730 |
| 腰檐 | 11080 | 16560 | 7860 | 5480 |
| 11-1 宝珠 | 9120 | 13720 | 5250 | 4440 |
| 8-1 宝珠 | 6620 | 7740 | 4370 | 3260 |
| 仰莲 | 6780 | 7780 | 6370 | 4610 |
| 日月宝珠 | 9420 | 10770 | 9730 | 4100 |

光照度测试结果表明光照度排列是北＜西＜东＜南，而经幢各方向实际风化程度排列是北＞西＞东＞南。光照度与风化程度正好成相反排列，很有规律，也就是光照度越低风化程度越大，光照度越大含水量越低。这说明在同一个大气环境中，水份是岩石风化的重要原因。

# 第五章 梵天寺经幢保护工程方案设计

## 第一节 工程自然条件

### 一、地基条件

根据 2000 年 3 月浙江省综合勘察研究院提供的《梵天寺经幢工程地质勘察报告》，梵天寺经幢两幢台基周围较为平坦，场地的地基属坡积土和人工堆积土。所揭示的地层层序依次为：杂填土层、素填土层和含砾砂黏土层，层位较稳定，土性较均匀。其中，杂填土呈黑灰、褐灰色，以碎砖、瓦块等建筑垃圾为主；素填土呈黄褐色，由粉质黏土组成，软塑至可塑状，上层夹碎砖瓦片，下层夹砾砂及少量砖瓦碎屑，层底埋深 1.60 ~ 1.80 米；含砾砂黏土为坡积土，呈黄色、黄褐色，可塑状，夹 30% 碎石、角砾和砂，胶结较好，层底埋深大于 3.0 米。上述杂填土和素填土层，土质软弱，结构松散，地基承载力标准值约 80 千帕。而含砾砂黏土层土质均匀，结构尚好，地基承载力标准值达 130 千帕。

### 二、气象条件

梵天寺经幢所属的杭州市地处中北亚热带过渡区，气温适中、空气湿润、雨量充沛、日照较多、四季分明、冬夏季风交替显著。

杭州市区内多年平均气温为 16.40 ℃。一年中最冷月为 1 月，平均气温 4.20℃，极端最低气温为 -10.10℃；最热月为 7 月，平均气温 28.60℃，极端最高气温为 42.10℃。多年平均降水量 900 ~ 1600 毫米，最高月降水量 541.99 毫米，最高日降水量 141.6 毫米。多年平均日照数每年 1800 ~ 2000 小时。多年平均相对湿度为 80% ~ 82%。多年平均蒸发量为 1200 ~ 1400 毫米。杭州市地处亚热带季风区内，7 ~ 9 月为台风期。一年之中的风向，冬季盛行偏北风，夏季多为东南风，平均风速为 2.6 米 / 小时，最大风速 28.0 米 / 小时。

杭州市区降水量日趋酸化，酸雨（PH 值小于 5.6 的大气降水为酸雨）分布面积广。据 1981 ~ 1988 年连年监测，杭州市降水的年、日平均 PH 值从 5.33 下降至 4.27，8 年间降雨酸度提高了近十倍。全年冬季的降雨 PH 值最小，为 3.37；春、秋季次之，为 3.44 ~ 3.50；夏季最大，为 4.83。静风或弱风时 PH 平均值最小，在 3.85 ~ 4.21 之间。在偏北风条件下，酸雨率最高，达 57%。

### 三、地震

梵天寺经幢所属的杭州市大地构造处于扬子准地台钱塘台褶带。中元古代以后，地层发育齐全，岩浆作用频繁，地质构造复杂，成矿条件较好。据史料记载，杭州市区在 929 年曾发生过 M = 5 级的破坏性地震；杭州的富阳在1855年、杭州的邻区海宁盐官在1867年都曾发生过破坏性地震。近期由于现代构造运动趋向缓和，地震活动显得微弱，地壳相对稳定。

根据国家地震局《中国地震动参数区划图》（GB18306–2001），本场地地震动峰值加速度为0.05伽（相当于原地震基本烈度的Ⅵ度区）。

## 第二节 保护工程设计依据、目的、原则及内容

### 一、设计依据

（一）《中华人民共和国文物保护法》（2002年）

（二）《中华人民共和国文物保护法实施条例》（2003年）

（三）《文物保护工程管理办法》（2003年）

（四）《中国文物古迹保护准则》（2000年）

（五）《纪念建筑、古建筑、石窟寺等修缮工程管理办法》（1986年）

### 二、设计目的

（一）梵天寺经幢科技保护工程通过多学科综合手段，经科学施工，保持经幢本体结构的稳定和有效控制岩石的继续劣化破坏，确保经幢在目前环境条件下的安全和稳定。

（二）以科学的保护措施，延缓文物风化进程，最大限度地保存并传承其承载的历史、科学及艺术价值。

### 三、设计指导原则

**（一）尽可能减少干预**

在未明确经幢内部结构及缺少持续性监测数据来证明经幢存在整体稳定性问题之前，凡是近期没有重大危险现象的结构部分，除日常保养以外不应进行更多的干预。必须干预时，附加的手段只用在最必要的部分，并减少到最低限度。采用的保护措施，应以延续现状、缓解损伤为主要目标。

**（二）保护实物原状与历史信息的真实性与完整性**

保护经幢实物原状与所有历史信息，一切技术措施的使用应当不妨碍再次对原物进行保护处理；经过处理的部分要和原物或前一次处理的部分既相协调，又可识别。所有修复的部分都应有详细的记录档案和永久的年代标志。

**（三）按照保护要求使用保护技术**

独特的传统工艺技术必须保留。所有的新材料和新工艺都必须经过前期试验和研究，证明是最有效的，对文物古迹是无害的，才可以使用。

**（四）可逆性原则**

直接加在经幢本体上的保护构筑物，应主要用于缓解近期有危险的部位，要尽量简单，且具有可逆性，以不影响后续新的保护措施与材料的使用。

### 四、保护思路

梵天寺经幢保护是一个长期过程，本项目根据《中国文物古迹保护准则》，结合前期现场勘察、试验比对，就现阶段文物破坏现状和当前可行的文物保护技术手段来制定设计内容，由中国文物研究所（现中国文化遗产研究院）编制完成了《浙江省杭州市梵天寺经幢防风化保护工程勘察与设计方案》。

本次工程设计主要内容是幢体大量开裂、破碎和局部构件缺损治理，由于目前针对石灰岩的防风化材料还无法达到既能防止岩石表面继续风化，又不影响岩石本身透气透水性质的目的，所以简单的化学防风化保护，有时还可能造成保护性破坏，故本项目未实施化学表面封护措施，而是建议通过改善经幢周围的小环境，减少受风吹日晒雨淋机率，进而减缓岩石风化。设计方案同时也建议采取局部位置选做表面清洗和表面防风化化学保护实验性工作，针对幢体大面积黑色的石膏和表面附积物严重影响经幢的美观和艺术价值状况，有针对性地采用机械和化学清洗相结合的方法对其进行了清洗实验；经一段时间观察和测试效果后，再考虑整体实施。

方案最后结合日常维护、将来工作预期情况，提出建立经幢结构变形观测以及岩石材料劣化监测体系。

## 第三节 保护工程分项设计概述

### 一、表面清洗

进行灌浆加固之前，须对幢体表面黑色沉积物及苔藓等附着物进行清理。根据前期局部实验结果，为防止由于清洗造成文物信息丢失，影响经幢艺术价值，并由于目前还没有成熟的表面防风化保护材料，本次工程暂不实施清洗工作。对于基座、幢身部分生长的小灌木、苔藓以物理方式去除，减少生物因素对文物本体的破坏，也更加方便灌浆加固施工。

### 二、灌浆、粘接、加固

**（一）材料选择**

灌浆粘接材料经科学性和针对性试验认证后，才能用于现场施工，以确保材料的粘结强度与文物构件强度更好的匹配，材料的色泽不影响文物外观，防止因化学材料应用不当造成新的破坏。

**（二）灌浆加固措施及做法**

1. 改性环氧树脂和 BYN1002 环氧灌缝胶

（1）用清水冲洗裂隙内部，彻底清除泥土等污物，并要彻底干燥后才能灌浆。

（2）先用环氧树脂胶泥（XH111A 与 XH111B 以 2 ∶ 1 比例混均匀）封缝，用竹刀或不锈钢片把胶泥填补在裂隙处，封闭裂隙四周，预留好灌浆孔。

（3）再采用小型注射器无压力灌浆方式进行灌浆，将改性环氧树脂（XH160A 与 XH160B 以 10 ∶ 3 混均匀）或 BYN1002 环氧灌缝胶缓慢灌入。

（4）如开裂面较大，在裂隙处设立多处灌浆孔，孔距为 15 ~ 20 厘米，保证每次灌浆高度不超过 20 厘米。分步灌浆时必须保证时间间隔 24 小时，在前一次浆液完全固化后进行。

2.BYN-113 室温固化硅橡胶灌缝胶

（1）清洁裂缝两侧的岩面：裂缝处污染物主要是尘土，先用擦刷后用空压机吹扫，再用醇类溶剂清洗直至缝口干净。

（2）埋设注胶管：较宽的裂缝可插入医用输液管（尽量深插）；在间隙细小裂缝的缝口外方对准缝口安放注胶管。用 BYN602B 胶对注胶管和周边岩面进行封固（不堵塞注胶管口），注胶管分布尽量均匀。

（3）用胶密封裂缝：用气压约 100 千帕的气动胶枪对准裂缝挤注 BYN602B 硅酮胶，并用工具整嵌填胶缝，保证胶层密实。

（4）颜色处理：当岩面与封边 BYN602B 胶的颜色差异过大时，可对嵌填整形后的封护胶表面做旧处理。

（5）注胶：将气动胶枪注胶嘴插入注胶管，至少以 200 千帕的气压向裂缝内注 BYN-113 硅酮灌浆胶，待临近的第二个注胶管有胶挤出时，封闭第一个注胶管，后对第二注胶管进行压力注胶，依次完成裂缝内注胶。

3. 裂缝缝口处理

裂隙表面填补的水硬石灰为一类无机材料，其固化后的主要成分为碳酸钙，这与经幢的灰岩成分是一样的。使用水硬石灰的目的主要是保护内部的环氧树脂不受阳光和雨水侵蚀，减少环氧树脂的老化，然后对缝口做旧处理，和灰岩达到外观协调。

**（三）脱落岩石粘结加固复位**

对小块脱落岩石的粘结加固：找到其相应的脱落位置，用进口环氧树脂 XH160A（双酚 A —环氧氯丙烷树脂）与 XH160B 以 10 ： 3 比例混合而成的混合液或 BYN602B 硅酮胶涂刷，在岩石上标识出粘结区域，分别在岩石面和待粘接岩石面上均匀涂上环氧树脂，将待粘接岩石面贴在岩石相应位置，外侧依靠支顶装置固定岩石，确保在环氧树脂固化前岩石不松动、不移动位置。待 24 小时后环氧树脂完全固化方可去除制定装置，接缝部位使用水硬石灰填充覆盖并做旧。

对大块脱落岩石的粘结加固复位：找到其相应的脱落位置，用进口环氧树脂 XH160A（双酚 A —环氧氯丙烷树脂）与 XH160B 以 10 ： 3 比例混合液或涂刷 BYN602B 硅酮胶，在岩石上标识出粘结区域，分别在岩石面和待粘接岩石面上均匀涂上环氧树脂。再在断截面中心部位打两个对孔，用 12 号螺纹钢筋平穿加固。将待粘接岩石面贴在岩石相应位置，外侧依靠支顶装置固定岩石，确保在环氧树脂固化前岩石不松动、不移动位置。然后在复位构件的上下各面用两个“U”字形钢钉加固。待 24 小时后环氧树脂完全固化后方可去除制定装置，接缝部位使用水硬石灰填充覆盖并做旧。

**（四）支撑构件加固措施**

1. 加固原则

采用附加物进行支撑加固符合文物保护中的可逆性原则，也是经幢目前保存条件下较为可行的措施。在幢体局部结构缺失较为严重的位置，设计钢筋支撑来保护文物不再继续受到破坏，今后一旦有更好的材料或技术方法时，我们可以方便的拆除钢筋骨架而对文物不产生任何破坏。该措施施工方法简单有效，便于后期维护，施工速度快，且重量小，对经幢本体稳定不产生额外的附加重力。

2. 加固原理和加固方法

加固原理：从数值模拟应力图中可以看出，即使在完整状况下，经幢莲花座各层岩体周边伸出，没有下部支撑，出现了主拉应力区；而结构面的抗拉强度非常小，在重力作用下岩石会沿着节理面产生破坏。在目前的破损状况下，主压应力向中心部位集中，拉应力区域增大，由于经幢岩体节理发育密集，会在周边继续产生破损和岩体破裂掉落现象。因此，在岩体发生断裂前必须对其采取支撑加固以减少由于重力作用产生的拉应力破坏，改岩体的拉应力为压应力。

根据现场勘察状况以及稳定性计算的结果确定需加固的位置（详见附件：加固位置图），其加固措施主要是靠下部的支撑和外部的箍圈。

3. 加固材料选择

（1）箍筋加固材料选用

①芳纶纤维

全称为“聚对苯二甲酰对苯二胺”，英文为 Aramid fiber，是一种新型高科技合成纤维，芳纶布是由芳纶纤维单向或双向排列生产的一种片材，常用的是单向片材。芳纶纤维是新一代建筑结构加固补强材料，它是一种有机合成的纤维，具有超高强度、高模量、耐高温、耐酸耐碱、重量轻和不导电等优良性能，早期应用于军事和航空航天领域，现在在土木工程建设和结构加固等领域得到越来越广泛的应用。其强度是钢丝的 5 ~ 6 倍，模量为钢丝或玻璃纤维的 2 ~ 3 倍，韧性是钢丝的 2 倍，而重量仅为钢丝的 1/5 左右，在 560 度的温度下，不分解、不融化。它具有良好的绝缘性和抗老化性能，具有很长的生命周期，如表 5-1 所示。

性能特点：

A. 高强度，抗拉强度是钢材的 7 倍。

B. 重量轻，重量是钢材的 1/5。

C. 柔软性，如同编制衣物的纤维一样。

D. 绝缘性，适合有绝缘要求的场合。

E. 耐久性，不生锈，防水耐蚀。

F. 施工便捷，性能价格比优。

表 5-1 芳纶纤维技术参数

| 产品型号 | 单位重量（g/ ㎡） | 幅宽（毫米） | 抗拉强度（Mpa） | 弹性模量（Gpa） | 保证强度（KN/m） | 设计厚度（毫米） |
|---|---|---|---|---|---|---|
| TAS-40 | 280 | 100-1000 | 2100 | 120 | 400 | 0.193 |
| TAS-60 | 415 | 100-1000 | 2100 | 120 | 600 | 0.286 |
| TAS-90 | 623 | 100-1000 | 2100 | 120 | 900 | 0.430 |
| TAS-120 | 830 | 100-1000 | 2100 | 120 | 1200 | 0.572 |

②碳纤维布

英文名称为 Carbon fiber sheet，选用优质的进口碳纤维（12K 或 12K 以下小丝束 PAN 基碳纤维）原料，采用国内先进的设备和精湛的工艺编织而成表 5-2。

性能特点：

A. 生产时严格控制纱线张力，纤维束平直，有效保护了纤维的强度优势。

B. 采用有效的定型工艺，布的结构稳定，剪裁时不松散变形，浸透性好，施工便捷。

C. 比强度（强度 / 密度）高，比模量（模量 / 密度）高，是钢材的 10 倍左右。

D. 抗震、耐腐蚀、抗碱、抗疲劳、抗蠕变性能好。

E. 加固基体可以是混凝土、砌体或木材等多种结构的各种形状的构件，应用面广。

表 5-2 碳纤维布技术参数

| 产品型号 | 纤维方向 | 重量（g/ ㎡） | 厚度（毫米） | 幅宽（毫米） | 长度（m/ 卷） | 抗拉强度（Mpa） | 弹性模量（Gpa） | 伸长率（%） |
|---|---|---|---|---|---|---|---|---|
| TCS-200 | 单向 | 200 | 0.111 | 100 ~ 1000 | 100 | ≥ 3000 | ≥ 210 | ≥ 1.5 |
| TCS-300 | 单向 | 300 | 0.167 | 100 ~ 1000 | 100 | ≥ 3000 | ≥ 210 | ≥ 1.5 |

结论：经过性能及价格等综合因素考虑，我们选用产品型号 TCS-200 碳纤维布作为箍筋加固材料，幅宽为 100 毫米，长度现场根据实际需要剪裁。

（2）经幢构件支撑加固材料选用

结构筋选用 ф22、主筋 ф32 的不锈钢表 5-3。

表 5-3 支撑加固材料技术参数

| 产品型号 | 强度标准值（N/ mm²） | 符号 | 公称直径 d(mm) | 截面面积（mm²） | 理论重量（kg /m） | 强度设计值（N/ mm²） | 弹性模量（×105N/ mm²） |
|---|---|---|---|---|---|---|---|
| HRB335 | 335 | Φ | 32 | 804.2 | 2.98 | 300 | 2.0 |
| HRB335 | 335 | Φ | 22 | 380.1 | 2.98 | 300 | 2.0 |

4. 刚度计算

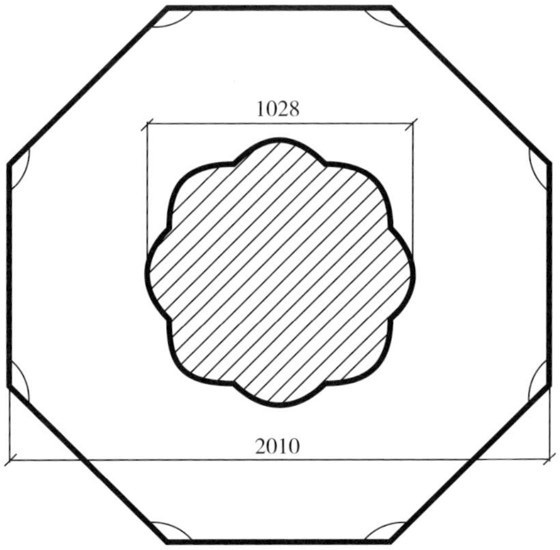


图 5-3-1 结构简图

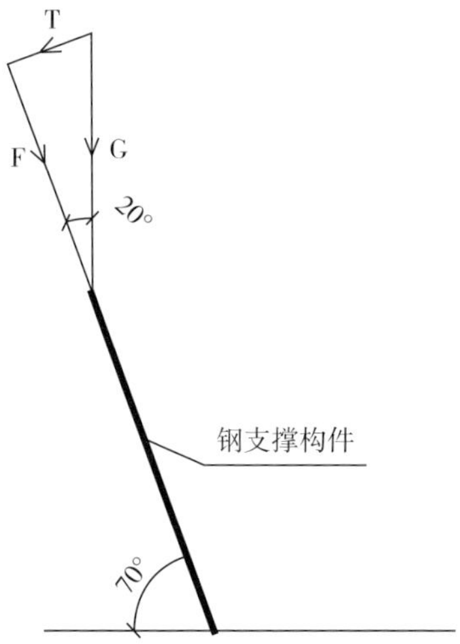


图 5-3-2 支撑构件受力分析图

条件：R（伞盖半径）=2010/2 = 1005mm；r（宝珠半径）= 1028/2 = 514mm；h（伞盖厚度）= 100mm；K（坍塌系数）= 0.35；（岩石密度）= 2.7g/cm$^3$。

（1）加固岩石重力计算

$S = \pi R^2 - \pi r^2 = 2341903mm^2 \qquad V = S \times h = 234190300mm^3$

$G = V \times \rho \times K = 221kg$

（2）支撑构件钢筋受力

$F = G \times \cos 20 \times 9.8 = 2080KN$

（3）单根钢筋受力

$f = F / 8 = 260KN$

（4）所需钢筋截面面积

$s = 260 \times 10^3 / 335 = 776mm^2$

（5）钢筋直径

$r^2 = \frac{s}{\pi} \Rightarrow r = 15.7mm \Rightarrow d = 32mm$

直径为 32 毫米的 HRB335 钢筋能满足结构承载力的要求（图 5–3–1、图 5–3–2）。

5. 安装流程

采用钢筋支撑构件加固时，应注意钢筋两端头与经幢本体的连接四周和经幢平稳接触，使构件受力均匀，同时对经幢本体不要产生二次破坏。具体做法如下。

第一步，底部钢筋的安装：在需要加固的经幢构件下部支撑点位置用水泥砂浆沿四周找平，然后把钢筋埋入水泥砂浆中。注意保留和支撑钢筋的接口焊接位置。目的是让钢筋支撑构件能和下部支撑体平稳的接触和均匀受力，另外钢筋外裹砂浆既能防水防锈，又能和周围岩体颜色基本保持一致。

第二步：在需要加固的经幢构件底部粘接两层油毡。

第三步：按现场尺寸和要求焊接架立筋，注意预留上部钢筋的安装空隙。

第四步：焊接上部钢筋，注意钢筋不要直接和岩石接触。

第五步：在岩石和上部钢筋之间沿一周填充木锨，然后在空隙处填充水泥砂浆（可加入 10% 建筑胶），以保证上部钢筋和岩石的接触均匀受力。

6. 施工注意事项

（1）材料进场与保管

碳纤维和钢筋进场必须具有质保书和出厂合格证。每一批都必须抽样做抗拉和冷弯试验，经试验合格后的材料才能使用；钢筋进场后在堆场进行标识堆放，在钢筋堆放时应垫高，避免接触泥污。

（2）钢筋加工制作

加工前先做好下料表，根据下料表在钢筋场加工，加工好的钢筋应按不同规格、不同型式分别堆放整齐，以防止弯曲、变形，加工时其加工工艺应符合设计和规范要求。连结部位采用焊接，在施工面施焊时采用手工电焊，并按规范要求分别抽样试验。焊工须持证上岗；钢筋端头有弯曲，应予调直或切除；当调换焊工或更换焊接钢筋的规格和品种时，应先对焊试件进行冷弯试验，合格后才能成批焊接。

## 第四节 经幢底部的防水措施

### 一、底部现状

2000 年 11 至 2001 年 5 月，梵天寺经幢实施了幢体纠倾与基础加固工程，消除了由于沉降导致幢体倾斜现状，同时进一步加固地下基础，确保文物整体安全及稳定，但两经幢底部未做防水渗水处理（图 5–4–1）。

图 5-4-1 经幢基地现状

## 二、基础防水措施

（一）开挖经幢底部松散堆积层，下挖 300 毫米深度，周边宽度不小于 1500 毫米。

（二）在基础底部洒生石灰，再用钉耙把底部素土耙松，然后人工夯实。夯实后灰土面的抗剪强度不小于 0.1 兆帕。

（三）在夯实好的灰土上喷洒按照 1∶9 稀释的 Wacker BS-16，耗材量不小于 0.5 升每平方米。

（四）夯三七灰土 250 毫米，每次夯土时铺设的虚土高度在 10 ~ 12 厘米之间，夯实后的高度在 5 ~ 6 厘米之间，夯实后改性土现场的抗剪强度不小于 0.12 兆帕。

（五）在灰土层上铺设石板砖与周围绿化环境协调，铺设坡度为向外 3%。施工中注意砖缝之间要填充密实，防止雨水下渗。

# 第五节 综合评价

2006 年 9 月委托中国文化遗产研究院进行梵天寺经幢防风化保护工程勘察与设计工作，经现场勘察及后期实验，同年完成了方案编制。2007 年方案上报至浙江省文物局，省文物局认为该方案现状勘测和前期实验分析较为深入，指导思想明确，维修措施合理可行，基本符合国家文物保护修缮原则，同时也对粘接加固材料性能比对、表面清洗、工程信息记录等方面提出进一步修改完善的要求。2008 年 4 月通过国家文物局的审查。国家文物局提出慎重选择灌浆、粘接、清洗化学材料，防止造成新的破坏，重点分析表明清洗的必要性和可行性，细化支撑构件加固措施的具体做法等建议；还要求慎重选择施工队伍，加强施工监督与管理，确保工程质量和文物安全。

2008 年 10 月，中国文化遗产研究院根据国家文物局、浙江省文物局的意见，对设计方案进行了修改完善，细化设计内容，增加了材料选择比对试验，使方案内容更加科学翔实，可操作性更强。2009 年 4 月，浙江省文物局复核《梵天寺经幢防风化保护工程勘察与设计方案（修改稿）》，同意实施该设计方案。

# 第六章 梵天寺经幢防风化保护施工

## 第一节 施工单位和资质等级

梵天寺经幢为全国重点文物保护单位，根据文物保护工程管理规定，修缮工程需选取石窟寺石刻类保护施工一级资质单位。目前国内符合该资质的单位相对较少，综合施工经验、技术力量及施工管理等因素考量，杭州市园林文物局凤凰山管理处确定了南京博物院为施工单位。

南京博物院具备国家文物局授予的石窟寺及石刻保护施工一级资质，科研力量强，自 20 世纪 70 年代初开始，采用化学灌浆加固、表面封护技术，在石质文物保护方面开展了一系列工作，取得了一定的成果。已承担完成盱眙明祖陵石刻、江苏省句容南朝肖绩墓石刻、浙江杭州余杭南山造像、安徽凤阳明皇陵等一系列全国重点文物保护单位的文物设计、维修、保护施工项目，实践经验丰富。

## 第二节 施工管理

### 一、合同订立及前期准备

2009 年 8 月中旬，杭州市园林文物局凤凰山管理处与南京博物院正式签订施工合同。随后南京博物院提交了《梵天寺经幢科技保护施工组织设计》方案，成立专门工程项目组，设项目经理、技术负责人各 1 名，施工技术人员 3 名，具体施工人员根据工程进度需要配备。

2009 年 9 月 15 日，建设单位凤凰山管理处组织召开第一次工程例会。设计、监理及施工单位就设计方案内容、材料选择与试验、施工注意事项、现场准备情况等问题进行了沟通。10 月初，南京博物院基本完成前期室内试验内容，向监理杭州市天恒投资建设管理有限公司提交了开工报告，要求于 2009 年 10 月 15 日正式进场施工。监理单位通过报告审核、现场踏勘，认为现场施工条件已具备，同意正式开工。

### 二、脚手架搭建、施工人员培训

为确保文物安全、便于施工操作，针对双经幢场地情况，报监理公司审核同意，施工方采用联体筒式脚手架结构。除严格按照国家钢管脚手架安全技术规范进行搭建外（图 6-2-1、图 6-2-2），还结合文物工程的特殊性提出以下操作要求。

1. 施工单位项目负责人按施工组织设计中有关脚手架的要求，向架设和使用人员进行技术交底。

图 6-2-1 搭建脚手架 -1

图 6-2-2 搭建脚手架 -2

2. 对现场钢管、扣件、脚手板等进行逐一检查验收，尽量使用新钢管。

3. 搭建、搬运过程中确保不接触文物本体。

4. 搭建完成后会同监理方进行联合验收。

5. 施工现场设置警示标识（图 6-2-3、图 6-2-4）。

施工过程还非常注重施工人员的安全、文物保护知识宣传教育，尤其是临时工作人员。施工单位制定了施工现场考勤、文明施工、安全生产管理、消防安全、施工质量管理、档案管理等制度。建设单位、监理单位也经常进行工地情况检查，确保文明、安全、有序施工。

图 6-2-3 警示标识 -1

图 6-2-4 警示标识 -2

## 三、施工前现场勘察

### （一）测量

施工前我们对南北两经幢进行测量，检测经幢倾斜度，以备检测保护工程竣工后经幢倾斜度是否有变化（图 6-2-5、图 6-2-6）。

图 6-2-5 检测经幢倾斜度 -1

图 6-2-6 检测经幢倾斜度 -2

### （二）现场勘察、提取检测试样

在施工前现场勘察，对经幢每一处的石构件裂隙、残损情况进行认真、细致的全面调查，做好拍照、绘制裂隙、残损分布平面简图，详细文字记录，建立原始资料档案（图 6-2-7、图 6-2-8）。

图 6-2-7 研究检测点

图 6-2-8 研究取样

现场勘察判断干预程序：

勘察断裂、裂隙、有害物质 → 检查安全隐患 → 影响文物本体安全立即进行加固干预 → 实施修复、以确保文物安全 → 不影响文物稳定则维持现状、加强监测。

对典型石材、典型风化区域的风化石材、藻类采样，送实验室分析、试验。

# 第三节 保护施工过程

## 一、经幢清理

### （一）表面清理

采用物理机械方法对经幢表面进行清理，确保粘接加固效果。清理首先用适当高压气体吹拂表面尘灰（图 6–3–1、图 6–3–2），而后用鬃毛刷、竹片刀或牛角刀清理石材表面的青苔、苔藓残留物、污泥积土；对裂隙间的处理则用硬毛刷、细钢丝或小刀片等工具对裂隙间的碎屑、积土、植物根茎进行清洁处理（图 6–3–3 ～图 6–3–10）。清除的废弃物集中处理。

图 6–3–1 高压气表面清理 –1

图 6–3–2 高压气表面清理 –2

图 6–3–3 竹片刀清理苔藓及残留物 –1

图 6–3–4 竹片刀清理苔藓及残留物 –2

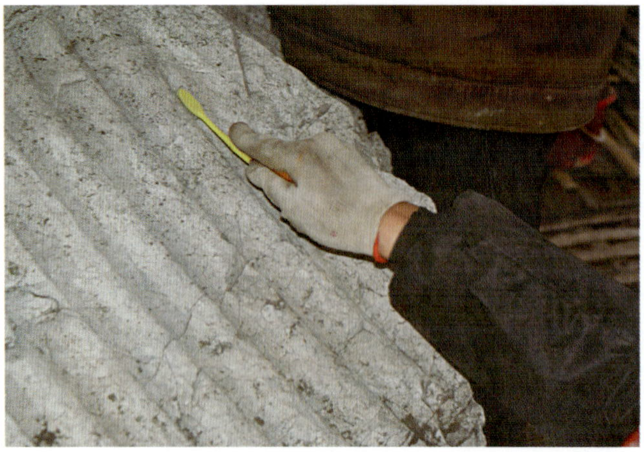

图 6–3–5 用牙刷清理苔藓及残留物 –1

图 6–3–6 用毛刷清理苔藓及残留物 –2

图 6–3–7 基座大裂隙中的大树根

图 6–3–8 清理出的大树根

图 6–3–9 清理裂隙中的污泥

图 6–3–10 清理石构件上的碎石杂草

### （二）局部清洗

采用机械方法清理幢体表面后，对局部藻类繁殖严重区域进行重点清洗。为了减少清洗可能对经幢本体造成影响，先通过小面积清洗试验，随时观察清洗对经幢表面的影响情况，尤其关注对风化严重的经幢构件的影响。清洗试验采用高温蒸汽配合塑料毛刷刷洗的方法，经反复试验，处理效果较理想。该方法引入的水量少，文物容易干燥挥发，对于石质文物的影响小，同时对青苔有杀灭作用，达到根除苔藓的目的。小面积试验后，清洗工作随之大面积铺开（图6-3-11 ~ 图6-3-16）。表面清洗有选择性地开展，在清洗过程中不引入有害物质，并且确保不导致文物重要信息流失。

图 6-3-11 清洁处理中

图 6-3-12 清洁处理前

图 6-3-13 清洁处理后

图 6-3-14 油迹清洁处理中

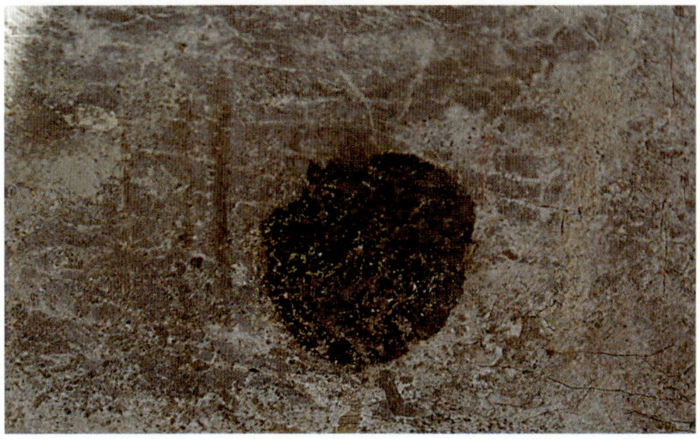

图 6-3-15 油迹清洁处理前

图 6-3-16 油迹清洁处理后

### （三）漆斑清理

针对幢体上部分漆斑污染，施工单位采用南京博物院自主研发的专利材料油漆溶胀剂进行清理。这种溶胀剂对油漆等合成高分子材料有较好的溶胀作用，本身不含酸碱，PH值为中性，对石刻类矿物体不会产生不良化学反应，是较为理想的油漆去除材料。操作方法是在被污染油漆的表面喷涂溶胀剂，待油漆膨胀，将其剔除，而后用溶剂将其擦拭干净（图6-3-17 ~图6-3-19）。

图6-3-17 油漆清洁处理中

图6-3-18 油漆清洁处理前

## 二、经幢构件加固

根据设计方案，经幢裂隙灌浆加固、构件加固是本次保护工程施工的重点内容。所有灌浆、加固等操作开始前，首先进行现场小范围试验，观察材料与对象是否匹配以及现场施工成效，积累直观认识，然后逐步展开全面灌浆加固工作。

### （一）经幢构件裂隙灌浆加固

在实施灌浆加固前我们对裂隙所在构件的部位、裂隙的宽度进行充分评估，以确定灌浆范围、灌浆口位置、浆液量等内容，确保每一个石构件加固强度。

1. 石构件之间填充糯米石灰浆

经幢建造时，每层石构件之间使用糯米石灰浆铺垫找平，既保证上下层之间的相对固定，又起到整体的平衡稳定作用。通过现场勘察，各构件之间仍保留有糯米石灰浆垫层，但缺失严重，其材料性能也基本丧失。经过多方讨论，决定重新灌注糯米石灰浆。主要依据首先是恢复传统工艺，加强石构件之间的稳定性；其次，用糯米石灰粘结层作为隔离层，可以防止漏浆，是上下层石构件之间粘连的防护措施（图6-3-20 ~图6-3-23）。

图6-3-19 油漆清洁处理后

图 6–3–20 在两石构件间灌注糯米石灰浆

图 6–3–21 石构件间压力灌注糯米石灰浆

图 6–3–22 灌注糯米石灰浆后的石构件

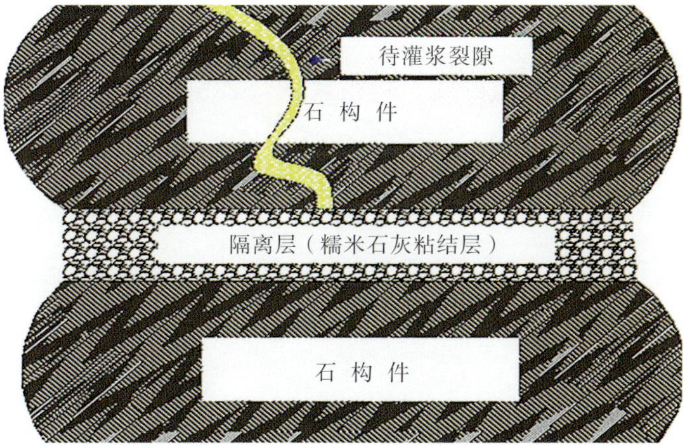


图 6–3–23 石灰糯米浆灌浆示意图

2. 嵌缝

嵌缝前，再将清洁后的裂隙用有机溶剂擦洗一次，确保嵌缝材料与裂隙石质胶结密实。用竹刀或手术刀填补嵌缝材料在裂隙内部。我们采用硅橡胶作为主要嵌缝材料。大裂隙嵌缝材料采用硅橡胶（图 6–3–24 ~ 图 6–3–26），细小裂隙缝隙过细硅橡胶无法嵌入缝内，采用水硬石灰嵌缝（图 6–3–27 ~ 图 6–3–32）。

图 6–3–24 采用硅橡胶嵌缝 –1

图 6–3–25 采用硅橡胶嵌缝 –2

图 6-3-26 灌浆后剥离硅橡胶

图 6-3-27 工人正在做嵌缝工作

图 6-3-28 采用水硬石灰嵌缝 -1

图 6-3-29 采用水硬石灰嵌缝 -2

图 6-3-30 采用水硬石灰嵌缝的石构件 -1

图 6-3-31 采用水硬石灰嵌缝的石构件 -2

图 6-3-32 采用水硬石灰嵌缝的石构件 -3

嵌缝时嵌缝材料封堵裂隙做到密实平整，不污染石构件表面，确保灌浆时不漏浆。嵌缝后的裂隙要保养 2 ~ 3 天以上。

3. 灌浆

进口环氧树脂渗透性能好，在前期现场试验时曾采取压力灌浆，效果不甚理想，后改用常压分步灌浆，每次灌浆高度不超过 10 厘米，时间间隔 24 小时，确保在前一次浆液完全固化后进行。

灌浆前还制定了预防漏浆、挂浆的应急措施。为增加粘接强度，构件大裂隙中用细石子作填充料。

4. 灌浆缝表面的后处理

灌浆后保养数日，拆除灌浆嘴，将裂隙表面凹口填补水硬石灰一类无机材料，填平做旧，色泽与经幢构件本体几无差异（图 6-3-33 ~ 图 6-3-41）。

（二）经幢脱落构件复位粘接加固

以最小干预原则对经幢脱落构件实施复位粘接加固，注意把粘接对石构件的影响降到最低。

图 6-3-33 用注射器从灌浆口灌入浆料

图 6-3-34 对大裂隙进行灌浆

图 6-3-35 在大裂隙中加入石子填充料

图 6-3-36 大裂隙灌浆修复完成后

图 6-3-37 工人正在对裂隙灌浆

图 6-3-38 对北幢第 9 层金刚石东南碎裂隙群加固

图 6-3-39 用注射器对细裂隙注入浆料

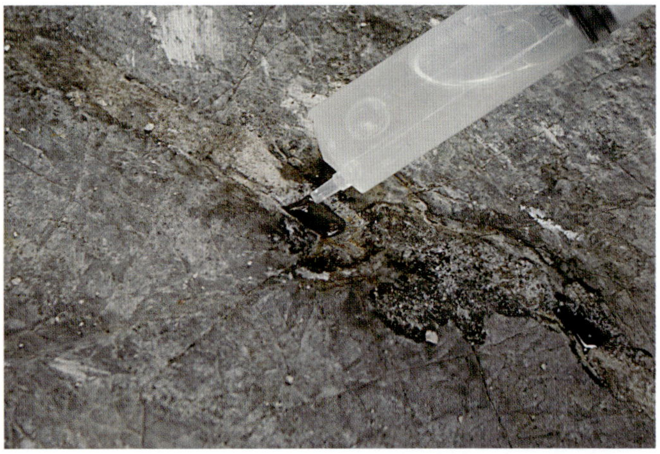

图 6-3-40 灌浆正在进行中

图 6-3-41 防止漏浆做了防护措施

1. 粘接加固

针对经幢石构件碎裂严重、粉碎性碎裂情况，采取碎石移位清理、粘接加固。如：北幢第 21 层仰莲东北侧（图 6-3-42 ~图 6-3-45）、北幢第 29 层仰莲东侧（图 6-3-46 ~图 6-3-50）、南幢第 26 层短柱东北侧（图 6-3-51 ~图 6-3-53）。

图 6-3-42 北幢第 21 层仰莲东北侧碎石

图 6-3-43 移位、清理、粘接

图 6-3-44 嵌缝、灌浆

图 6-3-45 修复加固后

图 6-3-46 北幢第 29 仰莲东碎石

图 6-3-47 移位、清理

图 6-3-48 粘接

图 6-3-49 固定

图 6-3-50 修复加固后的北幢第 29 层仰莲东碎石

图 6-3-51 南幢第 26 层短柱东北侧脱落分离

图 6-3-52 粘接

图 6-3-53 表面细部处理

2. 锚固加固

锚固粘接复位实施步骤：首先对落石进行清理、加固，而后找到其相应的脱落位置，在石构件上标识出粘接区域，再在两相对应的断截面适当部位打出三组相对应的孔，用 12 号不锈钢钢筋作锚杆。然后分别在石构件表面和待粘接石构件表面均匀涂上胶粘剂，将待粘接石构件表面贴在另一石构件相应位置，外侧依靠支顶装置固定岩石，确保在环氧树脂固化前石构件不松动、不移动位置。固定 24 小时以上，待环氧树脂完全固化后去除制定装置，接缝处进行嵌缝处理，并留灌浆口灌浆。待灌浆液固化后，粘接缝做旧处理。如：北幢第 19 层华盖东侧脱落在第 15 层仰莲上的石块，采用埋藏式锚固，锚杆做隐蔽处理（图 6-3-54 ~ 图 6-3-64）。

根据岩石力学，锚杆加固危岩体的稳定系数按下式计算：

$$K_s = \frac{[\gamma V\cos\theta + F\sin(\theta - \alpha)]tg\varphi + Ac}{\gamma V\sin\theta - F\cos(\theta - \alpha)} \tag{1}$$

式中，$K_S$ 为安全系数；分母部分为下滑力，分子部分为抗滑力；

γ 为岩体容重，$27KN/m^2$；

ν 为危岩体体积，约为 $0.026m^2$；

φ 为岩体内摩擦角，取 60°；

θ 为岩体结构面倾角，本例为 90°；

α 为锚杆与水平面倾角，本例暂取 0°（实际锚杆与水平面存在一定倾角）；

c 为结构面内聚力，从计算方便和安全角度考虑，本例中忽略内聚力；

A 为结构面粘结面积；

F 为锚杆作用力。

根据《建筑边坡工程技术规范》(GB50330-2002)7.2.3，当只考虑锚固体与地层粘结力时，锚杆作用力为：

$$F = f_{rb} l_a \xi_1 \pi D$$

式中，$l_a$ 为锚固段长度，约为 0.1m；

D 为锚固体直径，为 0.012m；

$\xi_1$ 为锚固体与地层粘结工作条件系数，对永久性锚杆取 1.0；

图 6-3-54 北幢第 19 层华盖脱落

图 6-3-55 做清洁处理

图 6-3-56 碎块粘接

图 6-3-57 细裂隙注浆加固

图 6-3-58 注浆加固

图 6-3-59 在加固细裂隙表面封缝

图 6-3-60 钻孔

图 6-3-61 插入锚杆粘接

图 6-3-62 固定

图 6-3-63 嵌缝灌浆

图 6-3-64 锚固后的华盖东侧

图 6-3-65 北幢日月宝顶落石

图 6-3-66 北幢第 15 层仰莲缺损小佛

图 6-3-67 其他小佛残片

图 6-3-68 小佛残件

$f_{rb}$ 为地层与锚固体粘结强度特征值，应当通过试验确定，当无试验资料时可按表 7.2.3-1 取值。岩石干燥压缩强度为 63.16MPa，查表并趋于安全考虑可以取值为 900kPa。 通过计算可得，单根锚杆作用力约为 3.4KN。

将以上各式带入公式 (1) 可知，抗滑力远大于下滑力，因此初步可以判断锚杆加固危岩体是稳定的。

在清理过程中还发现其他一些落石，但因缺失太多，已无法复位，如北幢日月宝顶上脱落的石块 ( 图 6-3-65)、北幢第 15 层仰莲上缺损十分严重的小佛残块等（图 6-3-66 ~ 图 6-3-68），现已妥善保存。

## 三、支撑构件安装

支撑构件加固主要利用辅助材料强化、补充外部支撑。按《梵天寺经幢防风化保护工程勘察与设计方案》要求，支撑（架立筋）加固材料选用 ф22 的不锈钢。该材料因直径较粗难以弯曲，无法在现场加工，专门委托具有专业资质的企业焊接制作。支撑（架立筋）由两半圆组成，用不锈钢螺栓组合而成（图 6-3-69、图 6-3-70）；箍筋加固材料选用碳纤维（图 6-3-71、图 6-3-72）。

除上述灌浆、加固及支撑构件安装外，保护工程还实施了周边环境整治、绿化恢复及栏杆修复等内容。施工期间，建设、设计、施工及监理单位相互配合，克服了后期低温雨雪天气造成的不利影响，及时解决施工中产生的材料选择、进度安排等问题，紧抓进度和质量。经过近三个月的精心施工，有效改善了梵天寺经幢部分石构件断裂、裂隙发育造成的不稳定情况。如北幢顶部迦陵频伽以上部分，未加固前可用手轻推晃动，结构不稳定，存较大安全隐患。对裂隙采用进口环氧树脂灌浆、各构件层级间使用传统糯米石灰浆压灌等技术手段，裂隙获得填补粘接，结构稳固及整体稳定性大大加强，达到了施工预期。

图 6-3-69 南幢第 15 层仰莲 ~ 第 19 层华盖间的支撑（架立筋）

图 6-3-70 北幢第 19 层华盖 ~ 第 21 层仰莲间的支撑（架立筋）

图 6-3-71 南幢第 21 层仰莲 ~ 第 23 层华盖的碳纤维箍筋

图 6-3-72 北幢第 31 层覆莲、第 33 层迦陵频伽的碳纤维箍筋

## 第四节 施工监理

### 一、项目委托

2009 年 9 月，杭州市园林文物局凤凰山管理处委托杭州市天恒投资建设管理有限公司承担梵天寺经幢科技保护工程全程监理工作。杭州天恒投资建设管理有限公司（原杭州市市政公用建设监理公司）于 1992 年 4 月成立，是浙江省首批批准成立的监理公司之一。该公司多次承担西湖综保工程项目，如“一堤三路”之中的杨公堤建设工程、北山路环境整治工程、八卦田遗址环境整治工程、玉皇山南历史文化遗迹保护整治工程等，具备较丰富的历史文化遗产保护工程监理经验（图 6-4-1）。

图 6-4-1 施工监理现场

## 二、监理工作

项目监理主要负责对工程的质量、进度、投资、安全文明施工进行管理和监督。

### （一）工期、质量控制

在工程施工过程中，每周召开监理例会，认真分析总结上周不足及原因，并提出下周要求。做到对施工单位每周有要求、有目标。在施工进度滞后的情况下，及时要求施工单位总结分析原因，制定新的调整计划，在不断完成目标的过程中实现进度控制，最后确保了进度计划的实施。

### （二）投资控制

认真核实完成工程量，及时签署工程款支付手续。其次涉及的设计变更，现场计量的工程量，监理人员坚持实事求是的原则，对涉及增加费用的实际发生工程量进行核实、计量签证。目前已对各工程现场完成工程量进行了实测。

### （三）安全文明施工

由于该工程位于风景名胜区梵天寺内，监理项目部根据其地理位置的特点，在安全文明施工管理上采取了以下措施：1. 根据施工现场实际情况，做好相应的标准围护、警示灯等安全措施。2. 要求施工项目部做好对民工的消防安全教育。3. 施工期间人员进场都配戴安全帽，做好安全防范。4. 施工现场产生的建筑垃圾要及时清理，材料堆放整齐。

### （四）监理工作评价

监理方能严格遵照《建设工程管理规范》等行业规范进行监理活动，全程参与施工过程，把好质量关。尤其是在前期脚手架搭建阶段，提出了很多建设性意见，确保脚手架安全稳定，提供一个良好的施工环境。整个施工过程能严格控制质量、进度及资金使用，杜绝了事故的发生，较好地完成了各项监理职责。

# 第七章 验收评估

## 第一节 工程验收

### 一、杭州市本级验收

2010 年 4 月，施工单位如期完成保护工程所有项目，经监理公司和建设单位核准，工程质量符合设计及相关法律法规要求，施工技术资料及档案记录完整，满足工程验收条件。

2010 年 5 月，杭州市园林文物局凤凰山管理处组织召开梵天寺经幢科技保护工程验收会议，会议设置了现场踏看、总结汇报及专家评议三个环节。来自浙江省文物局、杭州市园林文物局相关职能部门，以及工程设计、施工、监理单位等相关人员现场查看了工程实施成效，均认为该项目遵守文物保护工程相关规定，严格遵照设计要求，并在工程实施前期进行了大量的勘察及实验分析，施工过程中严把工程质量，取得较好的施工成效。通过本次科学施工，有效控制了岩石裂隙的发育及结构破坏，确保了经幢在目前环境条件的安全与稳定。

验收会议上，省、市文物部门还提出后续保护工作的建议。

1. 对于本次施工采用的进口环氧树脂、水硬石灰等新材料，要做好后续的日常观测记录，进一步证实实验数据及使用效果。

2. 关于局部纠偏。经幢在长时间的风化进程中，基本形成了现状的平衡状态，对于目前幢体本身仍存在的局部倾斜、位移，应在进一步结构力学分析、稳定性监测基础上，谨慎实施。

3. 加强日常监测。本次保护工程基本解决了经幢本体结构加固问题，之后的保护工作要强化对本体倾斜、结构位移以及雨水光照等环境因素的日常监测。建议尽快研究确定监测内容，监测工作可纳入西湖风景名胜区监测体系中，或建立专项文物监测体系，为今后的保护工作建立完善的数据档案。

4. 关于防风化封护。因目前针对石质文物，尤其是石灰岩表面封护技术运用仍

图 7-1-1 验收会议现场

未成熟，如需要做局部实验，可选用本区域相同石材进行，不宜在经幢本体进行该类实验。

5. 关于环境治理。梵天寺经幢环境整治可结合南宋皇城遗址保护统筹考虑。目前保护围栏内的乔木根系对经幢基础有一定影响，建议邀请相关园林专家进行现场调研，再做妥善处理。

6. 本次工程相关档案资料，需充实到梵天寺经幢"四有"档案。

7. 尽快补充相关图纸等工程资料，填写《浙江省文物建筑维修工程竣工验收表》，报省文物局审核。

## 二、浙江省文物局验收

2011 年 11 月 11 日，浙江省文物局组织文物保护工程验收组对全国重点文物保护单位梵天寺经幢科技保护工程进行竣工验收。验收组由浙江省文物局、杭州市园林文物局、浙江省文物考古研究所、浙江省古建筑设计研究院六名分管领导及专业工程师组成。验收组实地踏勘了工程现场，检查施工质量，审阅了竣工相关资料，并召开工程验收会议（图 7–1–1 ~ 图 7–1–7）。验收组在听取中国文化遗产研究院、南京博物院、杭州天恒投资建设管理有限公司等单位对设计、施工和监理等情况介绍后，认为梵天寺经幢科技保护工程能按照国家法律、法规及相关规范和国家文物局的批复文件执行，较好地完成了施工合同和设计方案的项目内容，施工质量达到验收合格标准，同意通过省级验收。同时，建议编制本保护工程的科技报告，使其中先进经验供同类文物的保护维修时借鉴或推广。

图 7–1–2 现场踏勘

图 7–1–3 验收会议现场

# 浙江省文物保护建筑维修工程

# 竣工验收表

编　　号________________________

工程名称 杭州梵天寺经幢科技保护工程

验收日期________________________

浙江省文物局制

图 7-1-4 竣工验收表——封面

| | | | |
|---|---|---|---|
| 工程名称 | 杭州梵天寺经幢科技保护工程 | | |
| 工程内容 | 经幢构件裂隙灌浆加固、脱落构件复位粘结加固、支撑构件加固 | | |
| 工程地点 | 浙江省杭州市上城区紫阳街道馒头山社区梵天寺路 87 号前 | | |
| 工程批准文号 | 1、国家文物局，《关于杭州梵天寺经幢防风化保护工程勘察与设计方案的批复》（文物保函〔2008〕300 号）<br>2、浙江省文物局，浙文物发〔2009〕80 号 | | |
| 工程结构类型 | 石经幢防风化加固工程 | | |
| 文物使用单位 | 杭州市园林文物局凤凰山管理处 | | |
| 文物主管单位 | 杭州市园林文物局 | | |
| 设计单位 | 中国文化遗产研究院 | | |
| 施工单位 | 南京博物院 | | |
| 监理单位 | 杭州天恒投资建设管理有限公司 | | |
| 工程负责人 | 邵群 | 施工队负责人 | 徐飞 |
| 开工日期 | 2009.08.15 | 竣工日期 | 2010.01.31 |
| 实际工期 | 168 天 | 用工量 | 1200 |
| 预算经费 | 499767 元 | 决算经费 | 499767 元 |

2

图 7-1-5 竣工验收表——工程概况

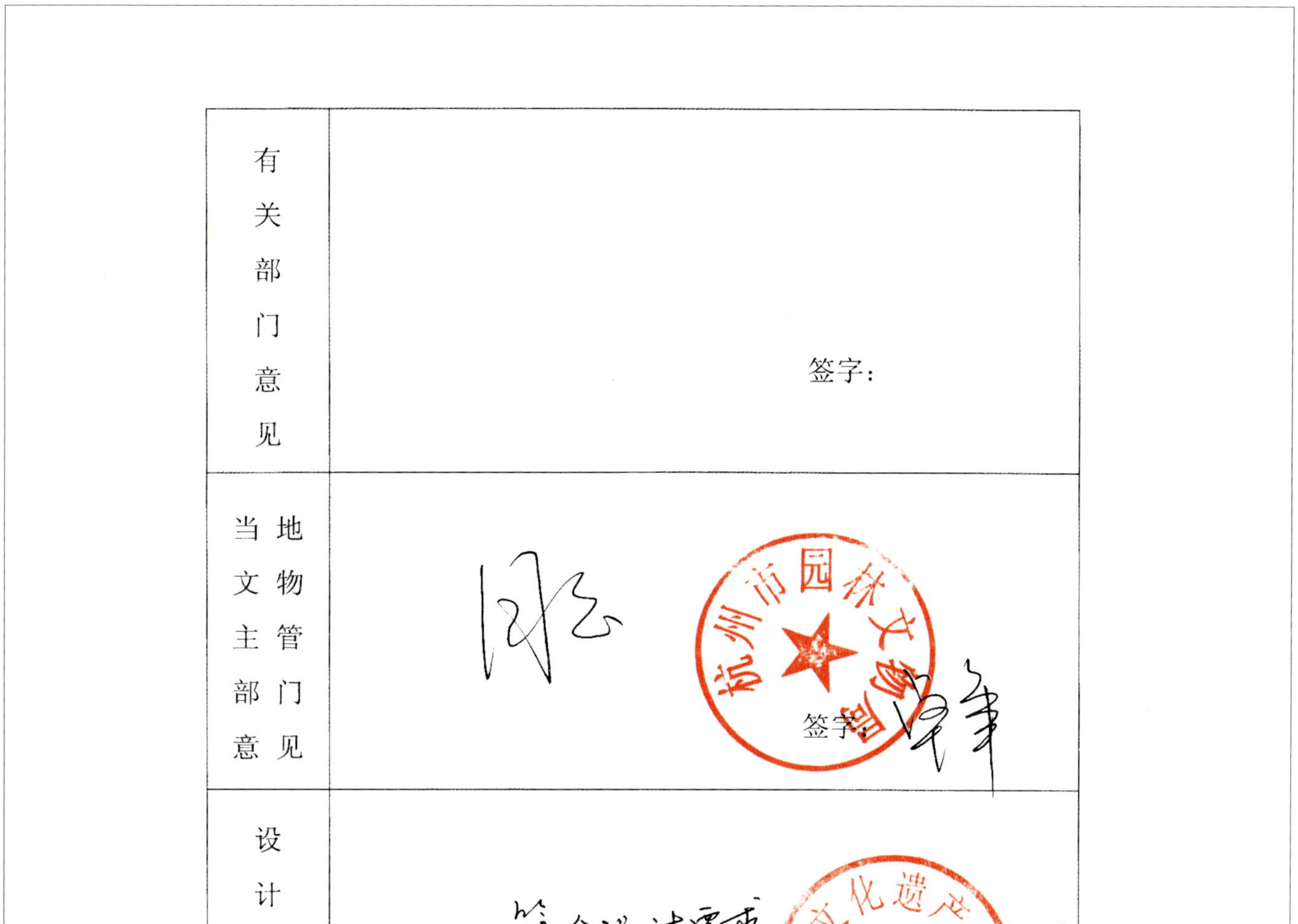

| | |
|---|---|
| 有关部门意见 | 签字： |
| 当地文物主管部门意见 | 杭州市园林文物局<br>签字： |
| 设计单位意见 | 符合设计要求<br>中国文化遗产研究院<br>签字： |
| 监理单位意见 | 符合设计要求符合文物保护要求<br>杭州天恒投资建设管理有限公司<br>签字： |

8

图 7-1-6 各部门验收意见 -1

| | |
|---|---|
| 省文物主管部门意见 | 同意验收合格。<br>浙江省文物局<br>签字：<br>2011.12.12 |
| 工程竣工综合评定意见 | |
| 备注 | |

9

图 7-1-7 各部门验收意见 -2

同时，验收小组提出了具体整改意见和今后保护管理的要求：现围墙内的树木根系易影响经幢基础，建议移除。经幢周边的排水应再作疏理，避免对经幢基础的不良影响。根据实际情况，提出主要监测内容和指标，对糯米石灰浆等材料耐久、抗风化等性能，风力、风向、酸雨等小环境气象，以及结构、变形等数据进行长期监测。现已缺损的承力构件是否补配，以及已倾斜的幢体上部（约占三分之一部分）是否落架纠偏，建议进行必要性和可行性分析。

## 第二节 资金使用情况

杭州梵天寺经幢科技保护工程资金来源为杭州市市级财政投入，该项目纳入“2006年杭州市历史文化名城保护专项资金”。

梵天寺经幢科技保护工程从前期勘察、方案编制到上报审批、施工，前后历时四年，考虑到文物保护工程项目的特殊性，以及具备资质单位较少，经请示上级主管部门后，各项目均采用直接委托方式选择承担单位，其中施工项目通过询价方式确定最后价格。上述项目完成后，结余资金将用于防雷设施安装及日常监测费用。

## 第三节 施工情况总结

梵天寺经幢科技保护工程按照文物保护工程相关规定，并根据国家文物局、浙江省文物局相关文件批复精神，从基础勘察、试验分析入手，精心组织开展了前期基础勘察、实验研究、加固材料选取、材料性能比对试验等，为经幢修复加固提供基本的数据和理论依据。施工前还对经幢石构件裂缝、残损情况进行仔细勘察、测量及取样，并对局部典型石材、典型风化区做无损X荧光元素分析，尽量做到严谨科学。施工期间紧抓进度和质量，经过近三个月的精心施工，有效改善了梵天寺经幢部分石构件断裂、裂隙发育造成的不稳定情况，经幢整体稳定性大大加强，符合施工预期要求。

项目实施过程中，既有传统工艺材料的沿用，又采用了一些新材料，是当前石质文物保护一次较为成功的探索和实践。

### 一、传统材料及工艺的使用

本次工程采用了我国传统砖石粘结材料石灰糯米浆，用于经幢各层构件之间间隙进行填充。经工程实际运用，由浙江大学化学系提供的石灰糯米浆具有不挂浆、宜清洗、不污染文物、固化强度好等优点，对构件间隙的填充能有效地阻止了环氧树脂在构件之间的流挂，并起到结构稳定作用。利用传统材料优势为石质文物修复和保护服务，符合《中国文物古迹保护准则》要求，是积极有益的案例实践。

### 二、新材料的尝试

本次工程在前期大量实验、比对基础上，还采用了一些新型材料，从施工效果来看，与前期试验基本一致，是比较理想的加固保护材料。

灌浆加固中使用了进口环氧树脂爱牢达 XH160A/B，其具有黏度低、流动性好、渗透性强的特点，在操作过程中几乎不需要压力灌浆；另外该材料无色透明、无溶剂，粘接力强，是文物保护界不可多得的新型灌浆加固材料。

封缝过程中使用了同济大学历史建筑保护技术实验室开发的水硬石灰。发现水硬石灰附着力强，不挂浆，宜清洗，不龟裂，表面硬化固化速度快，非常适合现场操作施工，是石刻封缝的较好材料。在目前国内不可移动文物保护工程中，水硬石灰应用范例较少，该材料兼具石灰和水泥的优点，具有低收缩、耐盐、适中的抗压和抗折强度、低水溶盐含量等优点，同时与传统的砖石建筑兼容性好，是一种天然、无污染、耐老化的无机材料。

## 第四节 保护后的现状及后续保护措施

### 一、保护后现状

#### （一）色差测试

图 7-4-1 色差测试

为了科学地评价作色的准确性，在作色前后测定色差，结果见表 7-1；图 7-4-1。

表 7-1 修复前后色差数据表

| 编号 | 位置 | 描述 | △ L | △ a | △ b | △ E |
|---|---|---|---|---|---|---|
| 1 | 北侧经幢底层，北侧 | 经幢本身 | | | | |
| | | | -3.2 | 0.3 | -0.1 | 3.2 |
| | | | -2.4 | -0.1 | -1.2 | 2.7 |
| | | 水硬石灰 | 6.0 | 0.7 | -0.2 | 6.1 |
| | | | 8.9 | -0.1 | 0.7 | 8.9 |
| | | 作色之后 | 2.5 | -0.8 | 0.7 | 2.7 |
| | | | 1.0 | 0.4 | 2.0 | 2.3 |

| | | | | | | |
|---|---|---|---|---|---|---|
| 2 | 北侧经幢西侧，第六层佛像头部 | 经幢本身 | | | | |
| | | | 2.3 | −0.7 | −0.8 | 2.6 |
| | | | −0.8 | 0.1 | −0.9 | 1.2 |
| | | 水硬石灰 | 12.4 | −1.7 | 0.5 | 12.6 |
| | | | 11.7 | 0.0 | −1.1 | 11.7 |
| | | 作色之后 | −1.0 | 0.9 | −0.1 | 1.4 |
| | | | 0.4 | 0.5 | −1.0 | 1.2 |
| 3 | 北侧经幢西北侧幢身经文 | 经幢本身 | | | | |
| | | | 0.0 | −0.2 | 0.1 | 0.3 |
| | | | 0.2 | 0.7 | 0.0 | 0.8 |
| | | 水硬石灰 | 8.8 | −0.8 | 5.2 | 10.2 |
| | | | 11.1 | −0.5 | 4.3 | 11.9 |
| | | 作色之后 | −1.0 | 0.0 | 0.0 | 1.0 |
| | | | −0.9 | 0.0 | 0.9 | 1.3 |

结果表明，水硬石灰封缝以后，色差值与周边岩石本体相差很大，影响整体外观效果；作色以后，色差值与周边岩石本体接近，说明现场色度控制基本准确。

**（二）保护工程完成后对南北两经幢进行复测**

图 7-4-2 寻找复测点

图 7-4-3 对经幢进行复测

施工完成采用全站仪检测施工后的经幢坐标，与施工前经幢坐标进行对比。表 7-2；图 7-4-2、图 7-4-3。

表 7-2 杭州梵天寺经幢施工前后测点坐标对比表

| 测点 | 施工前 | | | 施工后 | | | 备注 |
|---|---|---|---|---|---|---|---|
| | 西北向 | 东北向 | 相对高程 | 西北向 | 东北向 | 相对高程 | |
| 1 | −1.239 | −11.282 | 0.282 | −1.245 | −11.272 | 0.282 | |
| 2 | 0.296 | −11.715 | 0.299 | 0.308 | −11.706 | 0.299 | |
| 3 | 1.161 | −12.954 | 0.324 | 1.157 | −12.947 | 0.322 | |

| | | | | | | | |
|---|---|---|---|---|---|---|---|
| 4 | 0.75 | −14.63 | 0.351 | 0.745 | −14.607 | 0.35 | |
| 5 | −2.505 | −14.337 | 0.292 | −2.478 | −14.38 | 0.312 | |
| 6 | −2.416 | −12.205 | 2.331 | −2.42 | −12.198 | 0.299 | |
| 7 | −1.107 | −12.758 | 2.938 | −1.109 | −12.759 | 2.938 | |
| 8 | −0.596 | −12.782 | 2.948 | −0.598 | −12.782 | 2.947 | |
| 9 | −1.143 | −12.938 | 3.681 | −1.143 | −12.938 | 3.682 | |
| 10 | −1.013 | −12.857 | 4.961 | −1.01 | −12.854 | 4.962 | |
| 11 | 10.298 | −4.447 | 0.292 | 10.293 | −4.441 | 0.295 | |
| 12 | 11.969 | −4.708 | 0.296 | 11.992 | −4.742 | 0.296 | |
| 13 | 12.783 | −6.086 | 0.302 | 12.782 | −6.076 | 0.304 | |
| 14 | 10.963 | −8.331 | 0.287 | 10.965 | −8.317 | 0.288 | |
| 15 | 8.753 | −6.499 | 0.305 | 8.747 | −6.5 | 0.307 | |
| 16 | 9.19 | −4.973 | 0.308 | 9.183 | −4.981 | 0.309 | |
| 17 | 10.387 | −5.752 | 2.188 | 10.389 | −5.755 | 2.187 | |
| 18 | 10.185 | −5.924 | 2.19 | 10.19 | −5.927 | 2.189 | |
| 19 | 10.308 | −5.822 | 2.934 | 10.309 | −5.822 | 2.934 | |
| 20 | 10.777 | −5.648 | 2.944 | 10.783 | −5.649 | 2.945 | |
| 21 | 10.706 | −5.789 | 5.81 | 10.708 | −5.787 | 5.813 | |
| 22 | 10.661 | −5.759 | 3.485 | 10.65 | −5.749 | 3.478 | |
| 23 | 10.48 | −5.894 | 3.599 | 10.484 | −5.895 | 3.6 | |
| 24 | −0.976 | −12.83 | 3.523 | −0.972 | −12.828 | 3.539 | |
| 25 | −0.986 | −12.841 | 5.586 | −0.984 | −12.839 | 5.59 | |
| 26 | −0.927 | −13.264 | 15.036 | −0.945 | −13.247 | 15.033 | |
| 27 | −1.234 | −13.456 | 12.117 | −1.255 | −13.448 | 12.115 | |
| 28 | −1.112 | −13.659 | 12.119 | −1.129 | −13.649 | 12.114 | |
| 29 | −1.21 | −13.686 | 10.787 | −1.229 | −13.68 | 10.786 | |
| 30 | −0.996 | −13.789 | 10.831 | −1.013 | −13.779 | 10.828 | |
| 31 | −0.93 | −13.265 | 15.033 | −0.949 | −13.253 | 15.026 | |
| 32 | 10.62 | −5.893 | 14.8 | 10.595 | −5.878 | 14.8 | |
| 33 | 10.702 | −6.198 | 14.999 | 10.675 | −6.184 | 14.992 | |
| 34 | 10.52 | −6.552 | 12.108 | 10.495 | −6.53 | 12.103 | |
| 35 | 10.405 | −6.322 | 12.108 | 10.382 | −6.309 | 12.109 | |
| 36 | 10.347 | −6.398 | 10.813 | 10.322 | −6.377 | 10.808 | |
| 37 | 10.716 | −6.721 | 10.811 | 10.692 | −6.701 | 10.806 | |
| 说明：本工程共设 4 个测站点，测点数为 37 个；以上数据单位为米。 | | | | | | | |

5 与 12 斜体部分为数据变化较大的两个点，实际施工时，这两个点分别是南北两幢的底层碎石，原来由于树根的根系等其他因素已经偏离经幢轴心，本次修复进行了复位，使其回归经幢轴心。

结果表明，梵天寺经幢在保护维修前后，经幢本体坐标没有发生变化，数据差值在常规测量误差之内。说明本次维修操作中经幢本体没有发生倾斜等位移现象。

**（三）总体评价**

梵天寺经幢经保护性施工，首先修复了局部断裂、脱落现象，并附加了少量外部支撑手段，这些结构补强措施使得经幢整体强度获得明显提升，稳定性大大提高；其次对经幢整体裂隙进行灌浆加固，避免裂隙进一步发育，提升整体性；再次对经幢表面附着物进行了取样分析，虽未进行整体清洗及化学保护，也为今后保护、管理提供了翔实的试验依据。

## 二、后续保护措施

1. 目前，经幢整体是稳定的，但是南北两幢上半部三分之一处都有少许倾斜（大约 3° ~ 4° ）。长期倾斜是经幢不安全的重要因素之一，因为重力的分力作用拉动部分经幢构建远离轴心，一旦构件风化开裂，就有脱落的可能，建议部分落架纠偏。

2. 根据国家文物修缮最小干预的准则，针对一些脱落的构件，本次维修没有进行补配复原等操作。但是一些构件的力学支撑已经失去，经幢安全有一些隐患。而补配复原的部分可以起到很好的力学支撑作用，因此，建议有力学支撑的缺损部位应该复原补配。

3. 根据现场检测的结果表明，酸雨是造成经幢本体风化的重要原因。由于成熟碳酸岩文物本体封护材料较少，本次保护施工过程中重点加强结构灌浆补强，没有进行表面防风化操作。在酸雨之中，经幢本体依然在风化之中，日积月累裂隙发育，会造成新一轮的开裂脱落。可进行一些表面封护试验，或者采用屋檐、绿化等物理措施遮挡来抵御酸雨。

4. 现场施工发现，经幢东南方向一棵树的根系对于南幢底层有较大的侵蚀作用，有部分侵入岩石本体内部，对于岩石本体的断裂起到推波助澜的作用，在条件允许情况下将这棵树移除。

# 第八章 保护与研究展望

## 第一节 石质文物表面防风化保护的探讨

石材是相对坚固、稳定的材料，众多的石质类文化遗产历经数千年保存至今，也正因其材料属性。但石质文物长期暴露在自然环境下，各类自然、人为因素造成的破坏交织进行，尤其是近现代工业生产的快速发展，大气污染、酸雨侵蚀急剧加重，对石质文物造成了明显的破坏。

杭州地区多灰岩，众所周知的飞来峰造像、闸口白塔、梵天寺经幢等文物均为灰岩材质，都遭受来自酸雨、地下水、风、生物和微生物等多方面腐蚀因素的损害，导致石质文物表面风化、病害、劣化和失效①。风化是指岩石在日光、空气、水和生物等外力作用下所发生的变化和破坏过程，风化过程所产生的变化和破坏现象即为病害。当风化与病害达到一定程度，岩石材料性能已达不到使用要求时，可以称之为进入劣化甚至失效状态。

目前条件下，风化进程无法阻止，石质文物保护的核心课题便是如何延缓风化进程，及时清除或者减少病害，避免文物本体进入破坏、失效状态。石质文物破坏，除应力结构上缺损以外，大部分的病害破坏现象都是从表层开始的。因此，石质文物防风化，最根本的问题之一便是如何处理表面风化。

### 一、保护的必要性

石刻造像、摩崖题记、一些雕刻构件等石质文物，表面雕刻是其科学、艺术价值所在。风化破坏一般从表层开始，首当其冲的便是石质文物最精华、最有价值的部分。以凤凰山管理处辖区内一些石质文物保存情况为例，近几十年的风化程度有逐渐加速的趋势。市级文物保护单位石龙洞造像有一处千佛龛，开凿于北宋年间。该龛造像在一处高1.7米、宽约2米的灰岩崖壁上雕凿了500多尊小佛像，每尊小佛仅雕出头部及两肩形象，但发髻、眼、鼻、唇等均细细刻画出，惟妙惟肖。从上世纪80年代的老照片来看，大部分小佛像面部仍可辨识，但短短30年后，虽无准确数据和详细监测记录，但凭目测观察，其面部轮廓已渐趋模糊，左上角因相对凹进，上有岩石遮挡，风化相对较弱，保存情况略好于其他位置（图8-1-1、图8-1-2）。另本工程对象梵天寺经幢，也有同样现象。两经幢北面、东面一侧风化程度明显大于其他位置，经幢幢身部分经文在该方向位置已基本不可辨识。究其原因，北侧、东侧一面是迎风面，雨水直接冲刷，侵蚀明显，所以该区块风化进程明显快于其他侧面。同时由于酸雨侵蚀造成的硫化物沉积，也给经幢局部表面风貌造成损害，黑色硫化钙沉积有多处分布。

酸雨增强等大气环境变化，也给这些石质文物造成明显破坏，或者加速风化进程。现在面临的问题

① 李宏松《石质文物保护领域四个概念及术语的研究》，《中国科技术语》2010年第2期。

图 8-1-1 石龙洞造像之千佛龛

图 8-1-2 石龙洞造像之千佛龛

是，风化是一个渐进累积的过程，对文物的破坏效应已经显现，但尚未到达完全失效的程度，如果任其发展，大气环境又无法改善的情况下，附加在石材之上的文物信息将逐渐消亡，文物价值也将不存。相比之下，我们的保护手段却相对滞后，石质文物表面防风化保护，目前仍未有成熟的技术手段及措施。

## 二、方法与手段

目前石质文物表面的防风化保护，主要有物理性隔离保护、化学保护等手段。

### （一）物理性隔离防护

减缓石质文物风化进程的途径之一，便是尽量减少降雨、温湿度变化、风等因素的直接作用。通过物理性的防护措施，如建造保护性建筑（或构筑物）、绿化遮挡、人工排水、引水设施等手段，可以有效减缓环境因素的直接作用。对灰岩等石材来说，减少酸雨的直接侵蚀，是较为理想的保护方式。上述措施目前在杭州多处石刻造像已经采用，如慈云岭造像、天龙寺造像等。但物理性保护措施也有其不足，一是改变了文物环境风貌，附加建筑若设计不合理，容易造成与文物本体及环境的不协调。二是改变了文物原有生存环境，打破了原有的动态平衡关系，对文物造成的影响有待观察。很多石质文物是利用原有山体雕刻造像，与周边环境已经形成较稳定的水文、地质环境关系，若通过人工方式加以改变，温湿度变化是否会对文物内部结构、应力变化产生影响，仍需通过监测加以证实。三是并不是所有石质文物都适用这种保护方式，一些较大型的石窟造像、塔幢类文物，建造附加建筑不仅有较高难度，更应该考虑其与周边环境的协调性。所以物理性保护方式应因地制宜地采用，并且也仅仅是相对减缓风化进程，无法隔绝一切外界因素。

### （二）化学保护方法

1. 传统的保护材料

（1）传统无机类材料。常用的无机材料有石灰水、氢氧化钡、硅酸盐等。其中石灰水和氢氧化钡加固原理相似，通过与空气中的二氧化碳反应，生成的碳酸钙或碳酸钡填塞在石质文物的孔隙中，起到加固保护的作用；硅酸盐的作用主要也是改善孔隙密度。无机类保护材料是利用溶液中的盐份在石材的孔隙中凝结或与石材发生化学反应，填塞石材微孔隙，以产生阻挡层或替代层，当生成物的结构和性质与石材的微孔隙相容时，这种防护有一定效果，但如果可溶性盐形成的结晶膨胀，反而会加剧石材风化。

（2）亚麻子油。从亚麻的成熟种子中获取的油脂，是一种由三元甘油、不饱和油酸（一元不饱和）、亚油酸（二元不饱和）、亚麻酸（三元不饱和）组成的酯，属于不饱和干性油，通过 C=C 双键的反应而形成聚合物获得干燥。亚麻子油能增强石材表面的憎水作用，但缺点在于它对石材不充分的渗透深度、褪色以及不断增长的脆性以及逐渐降低的憎水效力。

（3）蜡。天然蜡被用于保护和抛光易受影响的石材表面，最常用的是蜂蜡、固体石蜡等。固体石蜡是目前已知较早使用的石材表面防护材料，公元前 1 世纪就有用石蜡修复建筑物风化石材表面的记录。石蜡可以有效地增强石材的憎水性，隔离水分和有害物质；但其缺点是不透气、容易吸附灰尘，不耐脏。蜂蜡的优点是在使用数十年后也不发脆，但材料自身的黏性会导致灰尘等沉积物。

2. 现代合成材料

（1）有机硅树脂等现代有机聚合物。有机硅树脂的渗透性和耐候性相对较好，经过其处理的石材，其憎水性大大增强，同时一些有机硅聚合物还具有一定的呼吸功能，允许气体通过而减小了内外应力差。鉴于上述优点，有机硅防护剂已经用于许多石质建筑的防护，特别是古建筑、纪念碑和雕塑的表面防护。现代有机聚合物材料用于石质文物保护已有 30 多年的历史，但仔细考察保护的效果，仍发现有不少问题值得探讨，如相关材料的使用寿命及失效后对文物本体的影响、石材本身亲水性与防护膜的憎水性矛盾及可溶性盐对保护层的破坏问题等。

（2）WD-10等有机硅类材料[①]。它们在化学结构上的特点，与石材粘附牢固、憎水透气、耐候性等具有适合石质保护的性能，其中甲基三甲氧基硅烷和甲基三乙氧基硅烷在我国应用较为成功。用WD-10进行石刻表面防护，可起到减少雨水冲刷、溶蚀和吸收，防止化学风化的作用，并能阻碍地衣生长，防止生物风化；在冬季能避免冰劈造成的裂隙的加剧，防止物理风化。1999年曾在陕西乾陵石刻（灰岩制成）保护研究中运用；2000年用于西安大雁塔顶防渗漏工程，作表面封护处理。

（3）草酸钙等仿生学材料[②]。张秉坚等在对野外石质文物考察时发现，一些含钙石质文物的表面，由于生物的作用，天然形成一层致密的亲水性半透明保护膜，其主要成分是水草酸钙。由于这层保护膜的存在，尽管长期经历自然风化和酸雨侵蚀，一些石刻文字却至今保持完好，一千多年前在岩石上雕刻的刀痕都还隐约可见。目前已经在实验室仿生合成出了这种保护膜。仿生无机材料虽未加以推广应用，但也将会为石质文物的保护工作开辟一条新的途径。

### 三、可行性探索

由于文物的唯一性和不可再生性，用于文物保护的材料与一般保护材料相比，也必定具有特殊性。加上破坏因素的多样性和之前有一些不成熟的保护行为，现在提及表面防风化保护，尤其是化学保护手段，业内都谨慎有加。但不断的放任妥协，讳忌任何可能的尝试与探索，任凭风化发展，同样是一种不作为行为。采用哪种保护手段，首先要明确我们的价值判断，究竟是积极的探索性保护还是被动地等待新技术材料，需要有一个前置判断。

随着有机硅材料、纳米材料和仿生材料的不断涌现，通过科学的勘察、病害调查为依据，选择适当的保护材料与手段，积极应对石质文物防风化保护才是首选。不过我们也要清醒地认识到，目前的研究重点集中在新材料的合成和宏观性质研究，比较缺乏深入的基础研究。如果通过一些小型现场试验的开展，进行理论与实验的探究，特别是深入研究保护材料与石材相互作用的微观机制，也许未来我们会多一点成功的可能，少一点对文物的破坏。

## 第二节 保护监测

梵天寺经幢的保护是一个长期的过程。本次保护工程基本解决了本体裂隙加固、结构支撑等内容，但目前经幢整体结构、工艺仍不完全清楚，局部仍存在位移、倾斜现象；酸雨侵蚀等风化过程未得到缓解。为了进一步观察、量化此次文物本体结构加固、构件修复等工程的效果，了解经幢的保存状况，及时发现不安全隐患，为今后的日常保护管理提供科学依据，需要采用多种手段和仪器分步骤进行监测。

### 一、幢体变形监测

#### （一）连续实时监测的目的

① 甄广全《WD-10在石质文物表面封护中的应用》，《化工新型材料》2001年9月，第29卷第九期。
② 张秉坚等《石质文物表面防护中的问题和新材料》，《文物保护与考古科学》2000年10月，第二期。

经幢在外界因素（风、雨、温度、地震等）作用下，时刻都在发生变化，间断性测量，往往由于受到测量时机选择的偶然性和测量次数的有限性影响，而忽略重要的监测数据。实施连续性实时监测，则可获得持续有效的数据，特别是针对自然环境作用下结构变形行为的观察。

连续实时监测主要具备下列好处。

1. 在具有典型变形行为表征的时间周期内，记录监测点变形的全过程，为变形分析提供翔实、可靠的全过程资料。

2. 不同表征点同步监测，是连续监测的难点和核心。可以通过保证布置在结构体上的特征变形表征点的同步施测，连续记录结构体在同一时刻各个表征位置的变形情况，从而把握结构体在记录周期内任一时刻的全结构整体变位情况。这一点对于捕捉高耸柔性结构在风、雨荷载作用下的变位，以及在地脉动作用下结构的振型尤为重要。

3. 连续实时监测直接服务于结构整体稳定性分析和评价，其记录的拟静态和动态数据和数值仿真耦和，直接用于分析结构整体刚度和损伤部位的判定。

**（二）具体监测内容**

1. 倾斜监测

梵天寺经幢因自身结构缺失、位移及地面沉降等因素，一度造成较为明显的幢体倾斜，南幢斜率8.7‰，北幢斜率达23.8‰。2001年实施基础加固及纠偏工程后，整体倾斜率回到正常值标准5‰以内。十多年来，幢体倾斜度目测观察未出现明显变化，但文物风化仍在持续，经幢仍存在结构变形、位移的潜在可能，需通过倾斜监测进一步观察确认。

对经幢的整体倾斜观测，测站点应选在与倾斜方向成正交的方向线上，距照准目标1.5~2倍目标高度的固定位置处，所选基线应与观测目标点组成最佳构形，交会角宜在60°~120°之间。现场条件不好的情况下可适当放宽，并在现场埋设固定工作基准点，以便下次测量时使用。

观测点布设于南北经幢顶部，设置观测标志点或寻找便于照准的明显特征点，以便于目标的照准和长期监测。

倾斜测量使用不低于J2级全站仪，采用交会法测量出经幢顶部坐标，然后把经幢顶部坐标投影到基础面，与基础面几何中心点之间形成一个水平分量，其矢量即为水平位移值（倾斜量）和位移方向（倾斜方向）。首次测量应测定基础平面的几何中心坐标和基础平面与观测标志点之间的距离，此次结果作为以后计算经幢整体倾斜率的常量。

2. 水平位移监测

水平位移监测用于对经幢各层构件因结构缺失、外力因素导致的水平位移、错位情况的观察。

位移监测在南、北经幢分5个不同高程面布设，每个高程面分别均匀布设1 ~ 3个水平位移观测点，上下两层观测点在竖向切面上错位布设。变形观测点采用小棱镜、觇标两种类型照准设备。经幢表面的不平整和局部的不完整，在现场实际埋设时还应根据具体情况选择照准设备，如有需要，还要专门进行设计。标志应牢固、适用，同时兼顾与周边环境的融合。

3. 沉降监测

经幢自身基础经加固后相对稳定，但该场地处于缓坡地带，且降水较为充沛，尤其是短时强降雨天气近年日趋频繁，多年雨水冲刷可能引起地表沉降不均。

沉降观察可以在南北经幢基础垫石布设沉降观测点，每个基础垫石布设4个观测点，按中心轴线正交分布于垫石边沿。沉降观测点使用金属块，金属块大小为1cm × 1cm × 1cm的立方体，通过专用的胶水粘贴在文物本体表面。观测点的埋设保证观测标志与基础连接成一个整体。安装观测点时应考虑观测标志上方留有一定的净空，没有妨碍竖立水准尺的凸出障碍物。安装完成后注意免受碰撞、挤压及其他意外的影响。

4. 振动监测

目前经幢周边危害性振动主要是由附近车辆通行导致的，可以通过监测不同类型车辆经过时经幢基础的振动大小，来获取不同振动源振动时引起基础所在地面的振动量。

**（二）连续实时变形监测方案设计建议**

1. 经幢整体变位的同步实时监测

整体变位实时监测的内容有两个，一种是记录在环境（风、雨、温度等）作用下，结构整体的变位情况；一种是记录在环境相对平和的情况下（无风、无雨、气温相对平均），结构在地脉动作用下的变形，用于捕捉结构基频振型。

综合分析 GPS、测绘机器人以及相对式位移计三种同步施测方法的可能性和经济性，相对式位移计施测经费较低，而且具有无损、易操作、易实现监测内容的特点。测绘机器人施测由于目前不能满足一台主机对应多台监测点的能力，进行多点同步跟踪则需配置多台主机，这样会造成施测经费过高。GPS 模式的测试方案容易受到天气影响、摆放位置没有遮蔽物以及施测精度较差的制约，施测精度难以保证。

针对目前的施测精度、能力和经费要求，对于完成经幢的整体变位同步监测的需求，相对式位移计方案应该是一个理想方案。

具体方案如下：

在经幢外围一定范围内，建立搭拆相对容易、相对刚性的参照体，参照体刚度要求在经幢塔侧向刚度的 10 倍以上，沿经幢体全高，从上至下选取 5 个典型截面，每个截面呈东西南北（或依据玫瑰风图确定施测季节最大几率风向确定）向设置和参照体之间的位移传感器，位移传感器通过导线连接，和无人伺服处理器相连，记录每时刻的变位信息。

全幢设置位移传杆器共计 20 个，精度要求 0.1 毫米。

2. 经幢典型构件的应力应变监测

应力应变监测是健康监测的重要内容，应变的大小和幅值直接反应了构件的受力状态，在受强度劣化影响的构件健康监测中，这一项内容占有重要位置。

具体方案如下：

在经幢上选择有代表性和对结构安全性有关键影响的构件，设置全天候无人伺服传感器，并通过光纤和处理器连接，进行应变采集。

## 二、三维扫描监测

三维激光扫描是利用激光测距原理来获取目标空间数据的一种技术手段，可以真实描述扫描对象的整体结构及形态特征。目前逐步开始运用于各类文物保护工程、变形监测及工程测量等领域。三维激光扫描有如下技术优势。

1. 数据全面、生动。通过全方位的文物测量，经过一定的后期处理加工，可以真实还原文物信息。

2. 扫描精度高。在数据采集阶段，专业设备可以减少人为因素干扰，尤其是在后期处理上，各部分都是人机交互方式进行，容易控制整体精度。

3. 非接触式测量。在施工扫描过程中可以采用非接触式扫描，对文物本体安全无害。

4. 直观性强。通过三维坐标和灰度值的直接显示，使数据表现更加直观明显。

经幢外观造型丰富，几何形状复杂，采用传统的监测手段虽能精确反映监测点的变化情况，但无法顾及经幢所有部位，而使用三维扫描仪扫描监测，可对经幢表面进行全方位扫描，获取海量数据，虽然精度相对传统监测方法比较低（相对精度 5~10 毫米），但三维扫描监测能够获取全面的数据，掌握经幢的整体情况，为后续结构建模、安全评估分析作数据的准备。

三维扫描作业一般分现场数据获取、点云拼接、数据提取和分析、成果制作四个步骤。

## 三、周边环境监测

梵天寺经幢由灰岩建造，容易受雨水风化侵蚀，尤其是杭州为酸雨严重区，外界环境因素对它的影响是不可避免的，所以对大气降雨、空气质量、粉尘等环境因素进行长期监测，是非常必要的。

### （一）仪器设备

PC–3 型便携式自动气象站是专门为学校科研教学、小气候观测、流动气象观测哨、短期科学考察、季节性生态监测等开发生产的多要素自动气象站。可测量风向、风速、温度、湿度、露点、气压、雨量、太阳辐射、太阳紫外线等常规气象要素；又可根据用户需求定制其他测量要素（图 8–2–1）。

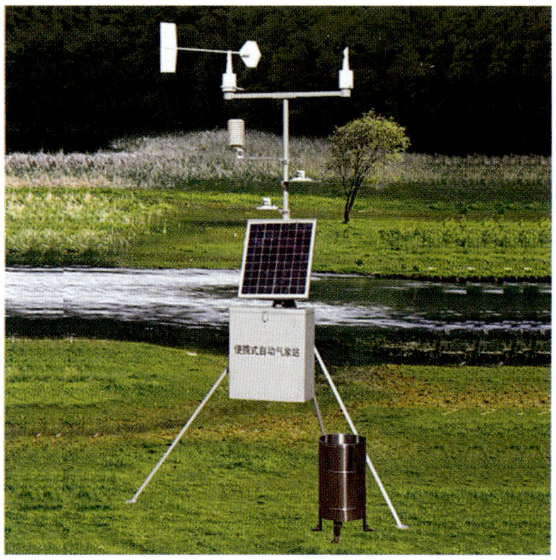

图 8–2–1　PC–3 型便携式自动气象站

### （二）技术特点

1. 便携式结构设计，安装方便快捷。

2. 测量精度高。

3. 除了能对系统基本九要素（大气温度、环境湿度、露点温度、大气压力、平均风速风向、瞬时风速风向、太阳辐射、降水、地温）进行直接测量，还可以选配测量 CO2、土壤湿度、水面蒸发、太阳紫外辐射、光照度、光合有效辐射等多种要素。

4. 大容量数据存储器，连续存储整点数据三个月以上，配合 U 盘使用对数据进行更长时间的存储。

5. PC–3 型便携式自动气象站还具有 GPS 接口功能，可监测记录当地经度、纬度、海拔高度、时间等方面数据。以便与地理信息管理系统（GIS）软件连接使用。

### （三）技术指标

见表 8–1。

表 8–1　技术指标

| | | | | |
|---|---|---|---|---|
| 气　温 | PTS–3 | –50 ～ +80℃ | 0.1℃ | ± 0.1℃ |
| 相对湿度 | PTS–3 | 0 ～ 100% | 0.1% | ± 2%（≤ 80% 时）<br>± 5%（>80% 时） |
| 露　点 | PTS–3 | –40 ～ 50℃ | 0.1℃ | ± 0.2℃ |
| 风　向 | EC–9X | 0 ～ 360° | 3° | ± 3° |
| 风　速 | EC–9S | 0 ～ 60m/s | 0.1m/s | ±（0v3+0v03V）m/s |
| 降 水 量 | L3 | 0–999.9 mm | 0v1mm | ± 0v4mm（≤ 10mm）<br>± 4%（>10mm） |
| 地温（5 层） | PTWD–2A | –50 ～ +80℃ | 0.1℃ | ± 0.1℃ |
| 气　压 | QA–1 | 550 ～ 1060hPa | 0.1hPa | ± 0.3hPa |

| | | | | |
|---|---|---|---|---|
| 太阳辐射 | TBQ-2 | 0 ~ 2000W | 1 W/ ㎡ | ≤ 5% |
| 紫外线 | TBQ-ZW-2 | 0 ~ 500W | 1 W/ ㎡ | ≤ 5% |
| 蒸　　发 | ZFL1 | 0 ~ 100（mm） | 0.1mm | ± 1.5% |
| 直接辐射 | TBS-2-2 | 0 ~ 2000W | 1 W/ ㎡ | ≤ 5% |
| 日　　照 | TBS-2-2 | 0 ~ 24h | 0.1h | ± 0.1h |
| 二氧化碳 | ES-D | 0 ~ 2000ppm | 1ppm | ± 20ppm |
| 土壤湿度 | TDR3 | 0 ~ 100% | 0.1% | ± 2% |
| 太阳能供电装置 | TDC-15 | 太阳能电池 + 充电电池 + 保护器 | 功率 15W | 选配 |
| 无线通讯控制器 | GSM-1<br>GPRS1 | | | 选配 |
| GPS 卫星定位接收器 | GPS-1 | 经度、纬度、海拔高度 | 0.1 米 | 小于 5 米 选配 |
| 自动气象站支架 | TRM-ZJ2 | 钢结构，外观喷塑防腐，含防雷保护装置 | 3 米高 | |

# 附录一　相关批复文件

## 一　浙江省文物局向国家文物局上报请示文件

浙江省文物局文件

浙文物发〔2007〕100号　　　　签发人：鲍贤伦

### 关于杭州梵天寺经幢防风化保护工程勘察与设计方案的请示

国家文物局：

日前，我局收到杭州市园林文物局《关于转报梵天寺经幢防风化保护工程勘察与设计方案的请示》(杭园文[2007]5号)及《杭州梵天寺经幢防风化保护工程勘察与设计方案》等附件。

经初步审查，我局认为该方案现状勘测和前期实验分析较为深入，指导思想明确，维修措施合理可行，基本符合国家文物保护修缮原则。现就方案提出如下初步审查意见:

一、建议根据经幢不同部位所处湿度条件等环境影响因素的不同，细化施工工艺要求。

二、建议对粘接加固材料的各方面性能再作进一步综合比对，确定最佳材料选用方案。建议补充进口环氧树脂粘接加固材料的可靠性以及在类似维修工程中的应用情况或相关检测数据说明。

三、建议对经幢表面结垢的危害作相关分析，如对经幢本体危害不明显，建议将表面清洗的面积控制在最小范围或暂不实施，以防止因表面石膏层的去除而损失文物信息。

四、方案选用芳纶纤维作为箍筋加固材料基本可行，但应进一步明确其材料形式。建议补充选用ф22不锈钢作为支撑杆件的刚度计算说明。以支撑钢筋加固经幢，应尽可能减少对文物本体的影响，建议补充钢筋两端与经幢本体连接的具体施工做法。

五、工程实施前后应加强信息记录、资料保存工作，制定并落实长期监测措施。必要时，建议在经幢表面的仿生矿化处理方面作一些实验和探索。

附件：1、浙江省杭州市梵天寺经幢防风化保护工程勘察与设计方案

2、浙江省杭州市梵天寺经幢防风化保护工程病害勘测图集

二〇〇七年五月十八日

（联系人：李新芳，联系电话：057197019291，传真：057188869347）

**主题词：文物 保护 请示**

抄送：省文物考古研究所

浙江省文物局综合处　　2007年5月18日印发

## 二 国家文物局致浙江省文物局的批复文件

| | |
|---|---|
| 收文日期 | 08年4月24日 |
| 编 号 | 字75号 |
| 此件份数 | |

# 国家文物局

文物保函〔2008〕300号

## 关于杭州梵天寺经幢防风化保护工程勘察与设计方案的批复

浙江省文物局:

你局《关于杭州梵天寺经幢防风化保护工程勘察与设计方案的请示》(浙文物发〔2007〕100号)收悉。经研究,我局批复如下:

一、原则同意你局初审意见。

二、在进行充分试验的基础上慎重选择灌浆、粘接、清洗用化学材料,详细说明筛选过程、选用理由及所选材料的基本性能,如材料粘接强度与文物构件强度是否匹配,材料的色泽是否影响文物外观,材料老化性能等,防止因化学材料应用不当造成新的破坏。

三、重点分析论证表面清洗的必要性、可行性,防止因不当清洗造成文物本体的破坏和文物信息的损失。如确需清洗,

1

应进一步细化清洗方案，明确拟清洗的部位、清洗面积、清洗程度等。

四、补充说明风化程度划分为三级的标准，以及针对不同程度风化层所采取的加固保护措施。

五、细化支撑构件加固措施的具体做法，如所用不锈钢架如何与经幢构件平稳接触，并就施工效果、是否为隐蔽工程等做出相应说明。

六、补充经幢底部的防水措施。

请你局根据上述意见和你局初审意见组织相关单位对方案进行补充、完善，并经你局核准后实施。施工前应慎重选择施工队伍，加强对施工的监督与管理，确保工程质量和文物安全。

国家文物局

二〇〇八年四月十四日

国家文物局办公室秘书处　　　　2008 年 4 月 14 日印发

初校：罗丽　　　　终校：刘洋

## 三 浙江省文物局致杭州市园林文物局的转发文件

# 浙江省文物局文件

浙文物发〔2008〕101号

## 转发国家文物局关于杭州梵天寺经幢保护工程设计方案批复的函

杭州市园林文物局：

近日我局收到国家文物局《关于杭州梵天寺经幢防风化保护工程勘察与设计方案的批复》(文物保函〔2008〕300号)。国家文物局原则同意我局的初审意见，并提出若干修改意见。现将该批复转发你局，请根据批复精神组织方案设计单位修改、完善方案，并进行施工图设计，报我局审批。

附件：浙江省文物局《关于杭州梵天寺经幢防风化保护工程勘察与设计方案的请示》

二〇〇八年五月九日

浙江省文物局

**主题词**：转发　修缮　方案　批复　函

抄送：省文物监察总队、省文物考古研究所

浙江省文物局综合处　　2008年5月9日印发

## 四　浙江省文物局致杭州市园林文物局的批复文件

# 浙江省文物局文件

浙文物发〔2009〕84号

### 关于杭州梵天寺经幢防风化保护工程勘察与设计方案（修改稿）的批复

杭州市园林文物局：

你局《关于审查核准〈梵天寺经幢防风化保护工程勘察与设计方案〉（修改稿）的请示》（杭园文〔2008〕128号）和《浙江省杭州市梵天寺经幢防风化保护工程勘察与设计方案〉（修改稿）》收悉。根据国家文物局《关于杭州梵天寺经幢防风化保护工程勘察与设计方案的批复》（文物保函〔2008〕300号）的精神，经审查、研究，原则同意修改方案，但部分技术措施仍需明确、深化，现批复如下：

一、裂隙外围填补材料采用环氧胶泥不妥，此材料不可逆，容易污染石材表面并难以修整。建议采用硅橡胶作为裂隙外围填补剂，埋灌浆管和环氧树脂灌浆以后可去除掉，再用仿石修复砂浆填补表面裂隙，这样既有防紫外线的作用，使用效果又较为协调。

二、方案中的支撑构件上下支撑点位置不够明确；几处使用水泥砂浆作为钢筋加固的过渡材料，应谨慎，水泥与文物石材接触易泛硷，应有预防措施或改用其它材料替代。

三、经幢底部防水措施中使用生石灰与土混合材料应先进行试块的力学实验和泡水实验，确定可行后再实施。实施过程中注意幢体的安全。

建议建立对经幢的气象和变形监测制度，加强日常维护工作。

浙江省文物局

二〇〇九年四月二十日

**主题词：** 文物　保护　方案　批复

抄送：省文物监察总队、省文物考古研究所。

浙江省文物局综合处　　　　2009年4月20日印发

# 附录二　梵天寺经幢科技保护大事记

（一）2006 年

4 月，为解决经幢局部结构断裂、塌落现象，以及由风化引起的表面材质劣化问题，委托中国文物研究所（现中国文化遗产研究院，下同）进行科技保护方案勘察设计。

8 月，中国文物研究所编写完成《浙江省杭州市梵天寺经幢防风化保护工程勘察工作计划书》，对工作内容、技术方案、时间安排、提交成果、费用概算等进行了初步确定。

10 月，经现场勘察和室内试验，《梵天寺经幢防风化保护工程勘察与设计方案》编制完毕，并逐层上报至杭州市园林文物局、浙江省文物局及国家文物局审查。

（二）2008 年

4 月 14 日，国家文物局下文（文物保函〔2008〕300 号）《关于杭州梵天寺经幢防风化保护工程勘察与设计方案的批复》，同意浙江省文物局对工程的初审意见并提出指导性的意见和建议，由编制单位对保护方案做进一步修改完善。

（三）2009 年

4 月 13 日，杭州市园林文物局凤凰山管理处根据杭州市园林文物局批复文件，委托具备文物保护工程施工一级资质单位（石窟寺及石刻类）、在业界有良好口碑的南京博物院编制梵天寺经幢防风化保护施工方案。

5 月 8 日，施工方案编制完成。

6 月 9 日，凤凰山管理处组织召开梵天寺经幢科技保护工程施工方案评审暨工程造价概算询价会，区（局）管委会文物处、规建局、监察局、财政局审价中心等职能部门相关人员应邀参加。会议对施工方案予以肯定，并提出造价概算编制略显笼统，施工单位要在方案概算中作进一步补充。此外，会议还就实施原则、表面清洗、构件加固、配套项目、工程造价等方面提出细致的意见和建议。

8 月 15 日，南京博物院完成《梵天寺石经幢科技施工组织设计》。

8 月 17 日，杭州市园林文物局凤凰山管理处与南京博物院签订《工程质量保修书》和《梵天寺经幢科技保护工程施工合同》。

9 月，委托杭州天恒投资建设管理有限公司为监理单位，并签署《建设工程委托监理合同》。

10 月 12 日，南京工业大学材料科学与工程学院、南京博物院文物保护研究所出具《梵天寺石质文物粘接和加固材料性能研究报告》，对粘接和加固材料进行对比、测试和选定。

10 月 15 日 ~ 11 月 9 日，脚手架搭建完成，南京博物院对经幢石构件裂缝、残损情况进行勘查、测量及取样，并对局部典型石材、典型风化区做无损 X 荧光元素分析，为科学施工提供基础数据及理论指导。

11 月 22 日，现场施工正式开始。

（四）2010 年

2 月 6 日，经幢本体加固基本完成。

3 月 12 日 ~ 4 月 12 日，整修围栏、种植草坪，整顿环境。

5 月，监理单位杭州天恒投资建设管理有限公司出具《监理总结》。

5 月 5 日，浙江省文物局、杭州市园林文物局、凤凰山管理处、设计、监理、施工等单位相关人员在现场查看了工程实施成效后，于杭州万松书院毓秀阁进行梵天寺经幢科技保护工程竣工验收会议，省、市文物部门对工程质量及实施效果表示了充分肯定，工程通过市文物局验收。

（五）2011 年

11 月 11 日，浙江省文物局组织相关专家对保护工程进行了竣工验收。来自浙江省文物局、中国文化遗产研究院和杭州市园林文物局等单位的领导和专家在实地踏看工程实施情况并听取施工单位汇报后，对梵天寺经幢科技保护工程实施成效给予了高度评价，一致通过验收。专家组组长、浙江省文物局文物处处长郑建华还建议监管部门认真分析总结工程实施的经验，将其提炼成为研究成果，并形成文字报告，给国内同类文保单位的保护提供有效借鉴。

# 后　记

在众多佛教建筑中，有一个独特的种类——经幢。经幢是唐代出现的一种多面体柱状的佛教石刻，其上大都刻有《佛顶尊胜陀罗尼经》。据《佛顶尊胜陀罗尼经》称：人们只要见到或靠近镌书有陀罗尼经文的塔幢，或者让这样的经幢之影映于身、之尘沾于体，则所有的罪业皆可消除。这就是所谓“尘沾影覆”的典故。

位于浙江省杭州市凤凰山麓的梵天寺经幢，是国内现存最古老的经幢中的一对，迄今已经历时1047年风霜雪雨，依然耸立如初，供信徒膜拜，向世人播布“尘沾影覆”的福泽。梵天寺经幢于2001年由国务院公布为第五批全国重点文物保护单位。

梵天寺经幢虽然巍然屹立，但因近现代工业化所形成的酸雨，使经幢的石质本体风化加剧。杭州市园林文物局凤凰山管理处自2000年起，先后组织三次加固修缮，通过参与工程的技术人员科学严谨的前期勘查、实验分析、精心施工及新材料技术的使用，有效控制经幢本体因多年风化造成的裂隙及结构破坏，使其能延年益寿。为总结十余年来的保护、管理心得，客观记录、总结保护工程实施过程和经验，杭州市园林文物局凤凰山管理处与中国文化遗产研究院、南京博物院联手，于2011年起编写了《尘沾影覆——梵天寺经幢科技保护》一书，希望梵天寺经幢保护工程的经验，能对杭州地区石质文物保护乃至同类材质的所有文物修缮，都具有典型的示范意义。

本书能够顺利出版，得到了浙江省文物局、杭州市园林文物局的关心和指导，尤其是原浙江省文物局副局长陈文锦先生审核了全部书稿，针对书的结构、内容编排等提出了很多修改意见。杭州市园林文物局文物处处长卓军先生、浙江省文物局文物保护与考古处赵勇先生，对梵天寺经幢科技保护工程实施及书稿编辑等，提供了很多宝贵意见。杭州无尽藏非物质文化与艺术遗产研究所李庆华先生为本书绘制了部分线图。此外，文物出版社的编辑为此书的编辑出版付出了很多心血。借《尘沾影覆——梵天寺经幢科技保护》一书出版之际，特向上述及曾给予我们大力支持和关心的各位领导、专家、朋友们表示真挚感谢。

编　者

2012年10月